Kirsten Hedwig-Rondot

Jan Böhmermanns „Schmähkritik“ im Kontext

Satire als künstlerische Intervention zwischen politischem Kalkül und Kunstfreiheit

Bibliografische Information der Deutschen Nationalbibliothek:

Die Deutsche Nationalbibliothek verzeichnet diese Publikation in der Deutschen Nationalbibliografie; detaillierte bibliografische Daten sind im Internet über http://dnb.d-nb.de abrufbar.

Impressum:

Ein Imprint der Open Publishing GmbH

Druck und Bindung: Books on Demand GmbH, Norderstedt, Germany

Coverbild: Open Publishing | Freepik.com | Flaticon.com | ei8htz

Inhaltsverzeichnis

1 Einleitung

Satire hat das Potenzial, weltweiten Aufruhr auszulösen. Sie überspitzt Missstände in ihrer Darstellung bis ins Überzogene, um diesen ernsten Kern anhand dessen deutlicher und für jeden sichtbar zu machen. Bei einem derartigen Vorgehen kann die Kritik mitunter hart sein, für den Adressaten schmerzhaft und manch einer möchte eine solche als Beleidigung empfundene Satire nicht auf sich sitzen lassen.

Ein aktuelles Beispiel für eine solche Satire ist die sogenannte Schmähkritik-Performance von Jan Böhmermann, ausgestrahlt in einer Ausgabe seiner Satire-Sendung Neo Magazin Royale vom 31.03.2016.[1] Obwohl die gleichzeitige Nennung von ‚Schmähkritik' und ‚Satire' zunächst widersprüchlich erscheinen mag, sind die Löschung und das Verbot, welches Präsident Erdoğan von Deutschland fordert, nicht ohne Weiteres legitim. Eine Besonderheit der Affäre um Jan Böhmermann und seine Performance ist die Tatsache, dass er nicht nur eine grenzüberschreitende Satire darbietet, die durch ihre Gewagtheit große Teile der Welt und Europas beschäftigt und zur Diskussion anregt. Jan Böhmermann präsentiert mit der Inszenierung seiner Satire eine neue Art der Performance-Kunst - der künstlerischen Intervention - die nicht nur über Politik und Recht referiert, sondern diese Sphären allein durch Sprache selbst zur Performance macht und damit theoretische Diskurse zur Realität werden lässt.

Die vorliegende Bachelorarbeit befasst sich mit der Macht der Sprache in Form von Satire und Performance-Kunst. Es wird genauer erörtert werden, inwiefern Jan Böhmermanns Inszenierung als Performance-Kunst einzuordnen ist, also unter den Schutzrahmen der Kunstfreiheit fällt, und darüber hinaus, wie er mit dieser Aufführung aktiv in die Realität eingreift. Des Weiteren hat Jan Böhmermanns Inszenierung große Auswirkungen auf den Diskurs um Kunst- und Meinungsfreiheit in Deutschland, weil er Bundeskanzlerin Angela Merkel durch seine Satire zwingt, sich entschieden für die diese positionieren oder sich klar auf die Seite der Türkei und Präsident Erdoğans zu stellen. Die Reaktionen bezüglich ihrer Entscheidung und ein Blick auf ihre möglichen Beweggründe sollen mithin die Frage klären, inwiefern Angela Merkel aus politischen Kalkül handelt und ihr Beschluss, die Ermittlungen gegen Jan Böhmermann freizugeben, als Opferung der Kunst zugunsten

[1] Für einen umfassenden Überblick sollte die entsprechende Sequenz der Sendung bekannt sein. Eine verschriftlichte Version befindet sich in den Anlagen.

von Politik verstanden werden kann. Die Beantwortung dieser Frage bildet den einen weiteren Schwerpunkt dieser Bachelor-Thesis.

Das zweite Kapitel liefert zunächst eine Einführung in den theoretischen Bezugsrahmen, um wesentliche Grundlagen für die weitere Abhandlung zu schaffen. Eingangs wird ein genereller Überblick über die Diskussion der Frage nach einer Ethik des satirischen Schreibens gegeben. Darauf folgt im Unterkapitel 2.2 die kurze rechtliche Einordnung von Satire in Deutschland, um dann in 2.3 die Begriffe des Performativen und der Performance-Kunst einzuführen. Das Ende des zweiten Kapitels bildet eine kurze Darlegung der Flüchtlingssituation zum Zeitpunkt der Ausstrahlung von Jan Böhmermanns Performance. Dieses schließt auch das Flüchtlingsabkommen der Europäischen Union mit der Türkei ein, auf dessen Basis Angela Merkels Reaktion auf die Schmähkritik-Inszenierung analysiert werden kann.

Das im zweiten Kapitel gewonnene Vorwissen wird im dritten Kapitel dann zur Erörterung der Forschungsfrage zusammengeführt. Die Forschungsfrage, die dieser Arbeit zugrunde liegt, lautet: Wie ist Jan Böhmermanns Schmähkritik-Performance rechtlich und künstlerisch einzuordnen und welche Wechselwirkungen werden zwischen Politik, satirischer Kunst und Justiz provoziert?

Um diese zu beantworten, wird in Unterkapitel 3.1 zunächst die gesamte Affäre um Jan Böhmermanns Schmähkritik-Performance chronologisch dargelegt. Unterkapitel 3.2 soll eine Einordnung in den Bereich der Performance-Kunst vorgenommen werden, was die spezifischen Auswirkungen auf Politik und Recht inkludiert. Diese Auswirkungen werden in 3.3 weitergeführt, indem Angela Merkels Reaktion und deren Folgen für unsere Grundrechte der Meinungs- Kunst- und Pressefreiheit erörtert werden. Diese Ergebnisse werden daraufhin zu einem Fazit summiert und runden die Arbeit ab.

2 Theoretischer Bezugsrahmen

Das anschließende Kapitel soll als Grundlage für die in Kapitel 3 folgende Untersuchung dienen. Um Böhmermanns Schmähkritik-Performance und die darauf folgenden Reaktionen einordnen zu können, werden zunächst die Ethik des satirischen Schreibens und die rechtlichen Gegebenheiten im Allgemeinen kurz vorgestellt. Außerdem erfolgt ein Überblick über die Performance-Kunst. Anschließend wird die Flüchtlingssituation in Europa zum Zeitpunkt der Ausstrahlung dargestellt, was auch den Türkei-Deal der Bundeskanzlerin beinhaltet.

2.1 Die Ethik des satirischen Schreibens

Im Rahmen der Medien steht - wie auch im Fall der innerhalb dieser Arbeit thematisierten Inszenierung Böhmermanns - immer wieder die Frage im Raum, was Satire darf. Kurt Tucholsky beantwortet diese Frage im Jahr 1919 noch mit „Alles“[2]. Motivation der Satire sei, seiner Ansicht nach, der Wunsch pikierter Idealisten, die Welt, die eine schlechte ist, zu einer besseren zu machen. Mit der Satire als Werkzeug, rennten sie gegen die Missstände an und innerhalb dieser Intention dürfe die Satire grausam sein, sie dürfe übertreiben und sie dürfe auch boshaft sein, denn all das führe dazu, die Wahrheit deutlicher zu machen und vorhandene Missstände zu beseitigen.[3] Doch auch wenn Tucholsky in seinem Essay die Freiheiten der Satire verteidigt, so nennt er eine einzige Einschränkung, was Satire und Witz angeht: „Boshaft kann er [der Witz] sein, aber ehrlich sollte er sein.“[4]

Sowie es zu Lebzeiten Tucholskys Gegner seiner Einstellung gab, lässt sich die Frage nach eventuellen Grenzen, die Satire nicht überschreiten darf, auch heutzutage nicht ganz eindeutig beantworten. Einig ist man sich in der Ansicht, dass jene Frage wohl immer diskutabel bleiben wird.[5] Laut Maximilian Häusler hängt diese Tatsache eng mit den Begriffen der ‚Moral' und der ‚Ethik' zusammen.[6] Denn wie weit der Satiriker in seinen Äußerungen gehen ‚darf', hängt vor allem mit den

---

[2] Kurt Tucholsky: 16 Satiren – Kapitel 12. In: Projekt Gutenberg/ Spiegel Online, URL: http://gutenberg.spiegel.de/buch/16-satiren-7810/12 (22.08.2016). Erstmals erschienen als: Ignaz Wrobel: Was darf Satire? In: Berliner Tageblatt 36, 27.01.1919.

[3] Vgl. Ebd.

[4] Vgl. Ebd.

[5] Vgl. Maximilian Häusler: Die Ethik des satirischen Schreibens: Karl Kraus, Hermann Broch und Robert Musil [Beiträge zur neueren Literaturgeschichte Folge 3]. Heidelberg 2015, S. 9.

[6] Vgl. Ebd., S. 13.

moralischen Regeln zusammen, die in der jeweiligen Kultur, in der er diese Äußerungen tätigt, ausgehandelt und anerkannt sind. Moralische Regeln sind nicht universal anwendbar, stattdessen herrschen nebeneinander zahlreiche zeit- und kulturspezifische Moralen.[7] Der Satiriker kann den Rahmen dieser Moralen nun bewusst ausreizen und damit Grenzen überschreiten, um eine Verschiebung ebendieser anzureizen. Kompliziert wird diese Praktik allerdings, wenn der Adressat aus einer Kultur mit anderen Moralvorstellungen stammt, denn dann müssen nicht nur die eigenen, sondern auch die moralischen Grundsätze des Empfängers einbezogen werden. Die Frage bleibt, wessen Grenzen in welchem Maße überschritten werden und ob es vertretbar ist, eine Satire zu verfassen, die zwar in der eigenen Kultur völlig akzeptabel ist, in der des Adressaten aber auf starken Widerstand stoßen wird. Mit einbezogen werden sollte hier allerdings nicht nur die Moralvorstellung des Empfängers, sondern auch dessen Persönlichkeit. Denn je stabiler seine Machtposition, desto weniger wahrscheinlich ist es, dass er gegen einen satirischen Beitrag vorgehen wird.[8]

Zu der engen Verbindung von Moral und Satire hat sich Martin Sonneborn, der Mitherausgeber des Satire-Magazins Titanic, wie folgt geäußert: „Wenn wir denken, dass ein guter Witz aufs Cover soll, dann bringen wir den, egal, ob es moralische Bedenken gibt."[9] Allerdings sei das Hinwegsetzen über den Rahmen der Moral in der Satire, im Gegensatz zu Comedy, bewusst und gewollt, um eine Wirkung zu provozieren. Somit sei die Satire auch in Fällen des Passierens unausgesprochener Barrieren anspruchsvoll und große Kunst der komischen Unterhaltung, da sie, im Gegensatz zu Comedy, ein moralisches Moment besitze.[10] Der wesentliche Unterschied zwischen Comedy und Satire ist der der Intention: „Der Witz ist für Satire das Mittel, für Comedy der Zweck."[11]

---

7 Vgl. Ebd.

8 Reinhard Müller: Böhmermanns Schmähgedicht. Satire ist frei, aber kein Freibrief. In: FAZ.net, 11.04.2016, URL: http://www.faz.net/aktuell/politik/was-darf-satire-und-wo-sind-die-grenzen-14172975.html (29.06.2016).

9 Martin Sonneborn: Tabu-Schmelze. In: Bernhard Pörksen/ Wolfgang Krischke (Hrsg.): Die gehetzte Politik: die neue Macht der Medien und Märkte. Köln 2013, S. 306-315, S. 310.

10 Vgl. Ebd., S. 313.

11 Jan Hedde: Serie „Das Wort". Das ist Satire. In: Spiegel Online, 01.05.2016, URL: http://www.spiegel.de/kultur/gesellschaft/satire-was-bedeutet-das-wort-eigentlich-a-1089422-druck.html (29.06.2016).

Satire muss übertreiben, sie muss Grenzen überschreiten, um damit geltende Missstände aufzuzeigen und zu deren Beseitigung beizutragen. Jesko Friedrich, Autor der NDR Satire-Sendung Extra 3, vertritt diesbezüglich noch immer eine ähnliche Meinung wie Tucholsky vor rund hundert Jahren. Er sagt, Satire müsse schmerzhaft sein, allerdings nicht durch aus der Luft gegriffene Beleidigungen, sondern durch gezielte und harte Kritik.[12]

Der Erfolg tritt allerdings erst dadurch ein, dass eine lustige und nicht ernsthafte Umgebung geschaffen wird, in die die Satire eingebettet wird.[13] Diese „unernste Welt"[14] macht es möglich, Dinge auszusprechen, die in der ‚realen Welt' geahndet würden. Dem Juristen Jan Hedde zufolge käme in dieser „unernsten Welt"[15] eigentlich gar kein Einspruch gegen eine Satire infrage, denn während sich die Satire nicht auf Ebene der ‚realen Welt' bewege, tue die Justiz das sehr wohl. Um sich gerichtlich mit Satire auseinanderzusetzen, müsse die Justiz auf der einen Seite die Satire innerhalb ihrer „unernsten Welt" verstehen, andererseits aber die ernste Grundlage beweisen, womit sie sich selbst nur lächerlich machen könne.[16] Dementsprechend ist Heddes Schlussfolgerung zu der Frage, was die Satire darf, noch immer die folgende: Sie darf alles, solange sie im Milieu des Unernsten bleibt. Das einzige, was sie nicht darf, ist langweilig sein.[17]

---

12 Jesko Friedrich: Was darf Satire? Drittes Reich und Holocaust in der Satire. In: NDR.de Datum nicht ermittelbar, URL: http://www.ndr.de/fernsehen/sendungen/extra_3/wir_ueber_uns/wasdarfsatire100_page-2.html (29.06.2016).

13 Vgl. Ebd.

14 Ebd.

15 Ebd.

16 Vgl. Ebd.

17 Vgl. Ebd.

2.2 Rechtliche Einordnung der Satire in Deutschland

Grundsätzlich ist eine rechtliche Einordnung der Satire in Deutschland nicht eindeutig vorzunehmen. Das liegt daran, dass zum Schutz der Satire unterschiedliche Gesetze herangezogen werden können und damit die finale Bewertung der Satire vom Einzelfall abhängt.[18]

Um die Zulässigkeit der Satire zu prüfen, muss zunächst ihr Aussagegehalt ermittelt werden. Herangezogen werden dabei vorrangig die Art der Präsentation sowie die Verbindung des Themas der Satire mit der angegriffenen Person. Um den inhaltlichen Aspekt klar herausstellen zu können, muss die Satire allerdings zunächst ‚entkleidet', das heißt, ohne die ihr eigene formale Verzerrung betrachtet werden. Nichtsdestotrotz muss die Satire von der Justiz abschließend immer in ihrer Gesamtheit beurteilt werden, da die formale Verzerrung ein fester Bestandteil der Gattung ist.[19] Lässt die Satire grundsätzlich mehrere Interpretationen zu, so sollte der Richter im Zweifel die Interpretation wählen, die ein Urteil erlaubt, durch welches sie weiterhin zulässig bleibt, so der Rechtswissenschaftler Georgios Gounalakis.[20]

Prinzipiell kommen als Rechtsgrundlage für Satire die Grundrechte der Meinungs- und der Kunstfreiheit infrage, also Art. 5 Abs. 1 Satz 1 GG[21] und Art. 5 Abs. 3 GG.[22] Die Meinungsfreiheit schützt dabei wertende Aussagen, während die verfassungsrechtlich gewährleistete Kunstfreiheit Kommunikationsformen schützt, die über eine schlichte Meinungsäußerung hinausgehen. Denn von der Kunstfreiheit geschützte Äußerungen müssen sich einer Formensprache bedienen, die das Innere des Künstlers durch eine freie, schöpferische Gestaltung zum Ausdruck bringen.[23]

---

18 Georgios Gounalakis: Freiräume und Grenzen politischer Karikatur und Satire. In: Beck online, Datum nicht ermittelbar, URL: https://beck-online.beck.de/default.aspx?printmanager=print&VPATH=bibdata%2Fzeits%2Fnjw%2F1995%2Fcont%2Fnjw.1995.809.1.htm&mode=CurrentDo (22.07.2016).

19 Vgl. Ebd.

20 Vgl. Ebd.

21 Siehe Anlage 2.

22 Vgl. Anja Brauneck: Kritische Anmerkungen zu konventionellen gerichtlichen Prüfungsmethodik bei satirischen Darstellungen. In: Beck online, Datum nicht ermittelbar, URL: https://beckonline.beck.de/default.aspx?printmanager=print&VPATH=bibdata/zeits/zum/2004/cont/zum.2004.887.1.htm&mode=CurrentD (22.07.2016).

23 Vgl. Ebd.

Da es sich bei Satire jedoch nie um eine einfache Meinungsäußerung handelt, sondern ein ästhetisches Moment immer eine entscheidende Rolle spielt, müsste Satire unweigerlich als Kunstform angesehen werden, womit sie prinzipiell in den Schutzbereich der Kunstfreiheit fiele.[24] Diese Schlussfolgerung lässt sich vor Gericht jedoch nicht so eindeutig ziehen. Denn jenes beruft sich auf den Grundsatz: „Satire kann Kunst sein, nicht jede Satire ist jedoch Kunst."[25] Die Problematik dieser Aussage besteht darin, dass in keiner Weise definiert wird, wo eine Grenze zwischen Satire als Kunst und Satire als schlichte Meinungsäußerung anzusetzen ist. Das letztendliche Urteil ist also immer eine Ermessensfrage des Gerichts.[26]

Auch wenn zudem grundsätzlich die Rundfunkfreiheit, also Art. 5 Abs. 1 Satz 2, als grundrechtliche Legitimation von Satire infrage käme, beruft das Gericht sich in der Regel nicht darauf. Denn die Meinungsfreiheit gilt als fundamentale und geringfügigste Justifikation der Satire, die die Zulässigkeit einer Meinungsäußerung bewertet, worum es sich bei einer Satire im rechtlichen Sinne handelt, sofern sie nicht als Kunst akzeptiert wird. Die Satire kann sich schlussendlich also nicht auf die Rundfunk-, Presse- und Filmfreiheit berufen.[27]

Der einzige Fall, in dem Satire als unzulässig erklärt werden kann, ist, wenn es sich dabei offensichtlich um reine Schmähkritik handelt und die Ehre des Adressaten empfindlich verletzt wird. Zwar müssen vor allem Politiker und Personen des öffentlichen Lebens sich auch harter Kritik unterziehen, wobei auch das persönliche Gefühl einer Ehrverletzung akzeptiert werden muss, doch ist eine Grenze überschritten, wo die Schmähkritik beginnt.[28] Der Satiriker darf scharfe, herabwürdigende Aussagen treffen, die teilweise auch verletzend sein können, sofern er dabei auf einer Ebene bleibt, auf der kritikwürdige Vorfälle im Vordergrund stehen. Erst, wenn aus angebrachter Kritik bewusste Schmähung wird, es also um eine reine Diffamierung des Empfängers auf persönlicher Ebene geht und nicht mehr die

---

24 Vgl Ebd., S. 8.

25 Vgl. Sebastian Gärtner: Was die Satire darf. Eine Gesamtbetrachtung zu den rechtlichen Grenzen einer Kunstform [Schriften zum Öffentlichen Recht Band 1119]. Berlin 2009, S. 53. Zit. Nach BVerfGE 86, 1 [9] – Titanic.

26 Vgl. Ebd.

27 Vgl. Ebd., S. 52.

28 Vgl. Gounalakis: Freiräume und Grenzen Satire.

Auseinandersetzung im Vordergrund steht, ist die Grenze dessen erreicht, was Satire im juristischen Sinne darf.[29]

Jedoch ist auch Rechtswissenschaftler Prof. Dr. Georgios Gounalakis der Ansicht, dass die Freiräume der Satire essentiell für eine repressionsfreie Demokratie sind, besonders wenn es sich um politische Karikatur oder Satire handelt.[30] Im Interesse einer funktionalen Demokratie sollten Politiker also abwägen, ob sie den Schutz ihrer persönlichen Ehre nicht zugunsten einer offenen Diskussion in Feuilletons, Zeitschriften oder Politik zurückstellen, statt sie auf die Ebene eines Gerichtsverfahrens zu heben, auf der eine solche Auseinandersetzung im Keim erstickt wird.[31]

In Unterkapitel 3.2 folgt weiterführend eine genauere Erörterung, wie Jan Böhmermanns Satire rechtlich einzuordnen ist.

2.3 Performative Äußerungen und Performance-Kunst

Ein entscheidender Bestandteil der Aufführung Jan Böhmermanns im Rahmen seiner Satire-Sendung Neo magazin Royale ist ihr großer Einfluss auf Politik und Recht durch Böhmermanns performativen Sprachgebrauch. Im weiteren Verlauf dieser Arbeit wird dahingehend eine Untersuchung seiner Inszenierung vorgenommen, um diese These zu manifestieren und die Frage nach der Einordnung als (Performance-) Kunst oder Schmähkritik zu erörtern. In den nachfolgenden Ausführungen werden dafür zunächst grundlegend die Begriffe des performativen Sprachaktes und der Performance-Kunst erklärt.

Verbalisiert wird der Begriff des ‚Performativen' erstmals von John L. Austin, der im Jahre 1955 in Harvard unter dem Titel ‚How to do things with Words' eine Vorlesungsreihe abhielt. Innerhalb dieser leitet er den Begriff von dem englischen Verb ‚to perform' ab, womit er sich auf das ‚Vollziehen' von Handlung bezieht. Anlass der Vorlesungsreihe und auch der Schaffung des eben beschriebenen Neologismus ist, dass Austin die Entdeckung gemacht hatte, dass Sprache nicht nur zu beschreibenden oder behauptenden Zwecken verwendet wird, sondern, allein durch Sprache,

---

29 Vgl. Dorothee Bölke: Kritik an Macht ist schutzbedürftig – Wann wird Kritik zur Schmähung? In: Beck online, Datum nicht ermittelbar, URL: https://beck-online.beck.de/default.aspx?printmanager=print&VPATH=bibdata%2Fzeits%2Fnjw%2F2004%2Fcont%2Fnjw.2004.2352.1.htm&mode=CurrentDo (22.08.2016).

30 Vgl. Gounalakis: Freiräume politischer Satire.

31 Vgl. Ebd.

Handlung vollzogen werden kann. Austin unterscheidet somit erstmals zwischen ersteren, den konstatierenden Äußerungen, und letzteren, den performativen Äußerungen. [32] Damit ist Austin der Erste, der ausdrücklich formuliert, dass die Sprache allein die Welt verändern und eine Transformation bisheriger Gegebenheiten bewirken könne.[33]

Austin selbst definiert die performative Äußerung wie folgt: „[S]ie wird zum Vollzug einer Handlung gebraucht. Eine solche Äußerung tun *ist* die Handlung vollziehen, eine Handlung, die man vielleicht kaum, zumindest nicht mit gleicher Präzision, auf andere Weise vollziehen könnte."[34] Um eine performative Äußerung als solche zu verstehen, sei vor allem der Zusammenhang, in welchem diese getroffen werde, sehr entscheidend. Eine explizite Aussprache des performativen Aktes, wie zum Beispiel bei ‚ich verspreche, jenes zu tun', wo die Handlung des Versprechens formelhaft vorangestellt wird, ist nur nötig, um den performativen Akt deutlicher zu machen.[35] Als zunächst wesentlichen Unterschied zwischen konstatierender und performativer Äußerung nennt Austin den, dass lediglich konstatierende Äußerungen wahr oder falsch sein können. Da performative Äußerungen keine Aussage über die Welt machen, sondern Handlung vollziehen, können sie lediglich erfolgreich sein oder missglücken.[36] Allerdings stellt Austin diese scharfe Trennung kurz darauf selbst infrage, indem er anbringt, ob die Aussprache einer konstatierenden Äußerung nicht auch der Vollzug einer Handlung sei, nämlich des Sprechaktes. Ein klares Indiz dafür sei, „daß die Formel „Ich sage aus" oder „Ich behaupte" der Formel „Ich mache aufmerksam auf..." ganz ähnlich sieht [...]."[37] In jedem dieser Fälle wird nach Austin streng genommen also eine performative Äußerung getroffen und damit Handlung vollzogen.

Die Theaterwissenschaftlerin Erika Fischer-Lichte nutzt Austins Ausführungen zum Begriff des Performativen ihrerseits, um diesen auf die performativen Züge von Kultur zu beziehen. In ihrer Niederschrift zur Ästhetik des Performativen führt

---

[32] Vgl. Erika Fischer-Lichte: Ästhetik des Performativen. Frankfurt am Main 2004, S. 31.

[33] Vgl. Ebd., S. 32.

[34] John Langshaw Austin: Performative und konstatierende Äußerungen (1958). In: Ludger Hoffmann (Hrsg.): Sprachwissenschaft. Ein Reader. Berlin/New York 1996, S. 132-142, S.132.

[35] Vgl. Ebd., S. 135.

[36] Vgl. Ebd., S. 132 f.

[37] Ebd., S. 140.

sie aus, dass in den neunziger Jahren erstmals der performative Charakter von Kultur in den Fokus gerät, in dem Sinne, dass durch praktische Bezugnahme auf reale oder vorstellbare Wirklichkeiten und dementsprechende kulturelle Handlungen tatsächlich eine neue (kulturelle) Wirklichkeit geschaffen wird, statt die bestehende lediglich zu rezipieren.[38] Auf diese Weise werden durch Kultur immer weiter Grenzen ausgelotet, innerhalb derer neue Wirklichkeiten neue Rahmen für die Produktion von Kultur schaffen. Denn im Gegensatz zu einer Theatervorstellung, in der die Wirklichkeit auf Grundlage eines Werkes nur fingiert und Handlungen nur gespielt werden, befindet Performance-Kunst sich in einer Sphäre zwischen Theater und Wirklichkeit. Bringt im Theater eine Figur eine andere um, ist klar, dass der Mord nicht real ist, im wirklichen Leben unterbände man eine solche Tat um jeden Preis, doch innerhalb von Performance-Kunst ist die Abwägung von Handlungsmöglichkeiten und Eingriffen schwierig. Denn die Performance greift ganz klar in die Realität ein und kreiert somit Wirklichkeit, findet jedoch in einem anderen Rahmen als jene statt, womit Optionen des Eingreifens neu konzipiert werden und der Künstler weiter gehen kann als es in der Realität oder im Theater möglich wäre.[39]

Die Performativität ist eng verknüpft mit dem Begriff der Aufführung, was auch gerade durch den Bezug zum Verb ‚to perform' erneut deutlich wird. Fischer-Lichte äußert diesbezüglich eindeutig: „Performativität führt zur Aufführung bzw. manifestiert und realisiert sich im Aufführungscharakter performativer Handlungen [...].[40] Der Kunstcharakter werde in diesem Fall nicht geschaffen, indem ein Werk entstehe, wie zum Beispiel bei Stücken Shakespeares, die als Werk selbst Kunst sind und immer wieder in dieser Form gelesen werden können, sondern allein durch Konstituierung des Ereignisses, das die Performance verwirklicht. Denn oft komme es zu bestimmten Reaktionen und Konstellationen, die den Verlauf einmalig werden lassen und unmöglich erneut hervorzubringen sind.[41] In Verbindung mit dieser Tatsache konstruiert Performance-Kunst sowohl für die Zuschauer als auch für den Künstler selbst eine neue Wirklichkeit.[42]

---

38 Vgl. Fischer Lichte: Ästhetik des Performativen, S.36.

39 Vgl. Ebd., S. 11.

40 Ebd., S. 41.

41 Vgl. Ebd., S.53.

42 Vgl. Ebd., S. 18.

Inwieweit die einzelnen hier genannten Merkmale von performativem Sprachgebrauch und Performance-Kunst auf die Aufführung Böhmermanns zu beziehen sind, wird in Kapitel 3.2 erörtert werden.

2.4 Die Flüchtlingssituation und Angela Merkels Türkei-Deal

Um eine umfassende Untersuchung der Inszenierung Böhmermanns und der Reaktionen darauf durchführen zu können, sind auch einige Umstände der aktuellen Flüchtlingskrise relevant. Denn mit seiner Performance macht Jan Böhmermann auf die Probleme des Flüchtlingsdeals mit der Türkei aufmerksam und verlagert die theoretische Diskussion darüber auf eine ganz reale Ebene. Im Folgenden werden die Grundlagen für diesen Aspekt beleuchtet.

Zur Zeit gibt es auf der Welt viele Länder, in denen die Zustände für die Bewohner untragbar oder sogar lebensbedrohlich sind, sodass sich eine große Anzahl an Menschen dafür entscheidet, aus ihrem Heimatland zu fliehen. Vor allem die kriegerischen Zustände in Syrien und dem Irak, ausgelöst durch die Truppen von Machthaber Assad und den IS, zwingen die Bewohner dazu.[43] Auch in Somalia und Afghanistan sehen sich die Bürger lebensgefährlichen Situationen ausgesetzt. In Afghanistan terrorisieren die Taliban das Volk und in Somalia herrscht Bürgerkrieg. Neben weiteren Kriegsflüchtlingen gibt es darüber hinaus auch weiterhin zahlreiche Wirtschaftsflüchtlinge, die in ihrer Heimat keinen Weg mehr sehen, ein existenzsicherndes Leben zu realisieren. Laut der UNO sind derzeit mit über 60 Millionen Menschen so viele auf der Flucht wie seit dem Zweiten Weltkrieg nicht mehr.[44]

Die meisten dieser Flüchtenden schlagen den Gang nach Europa ein, da sie hier eine Chance sehen, wieder unter menschenwürdigen und friedlichen Bedingungen zu leben. Dafür müssen sie allerdings eine Reise in Kauf nehmen, die nicht minder lebensgefährlich ist als das Leben in Krieg und Terror. Aufgrund der fehlenden Perspektive, ein Visum zu erhalten und auf legalem Wege mit Schiff oder Flugzeug nach Europa zu gelangen, begeben sich immer mehr Flüchtlinge in die Hände professioneller Schlepperbanden. Bei gefährlichen Überfahrten auf viel zu kleinen und nicht

---

[43] Vgl. Anna Reimann: Endlich Verständlich: Fakten zur Flüchtlingskrise. In: Spiegel Online, 10.05.2016, URL: http://www.spiegel.de/politik/deutschland/fluechtlinge-und-einwanderer-die-wichtigsten-fakten-a-1030320.html#sponfakt=1 (11.07.2016), S. 2.

[44] Vgl. Ebd.

hochseetauglichen Booten kommen jedoch regelmäßig hunderte Menschen ums Leben.[45] Im Jahr 2015 starben bei den Fahrten in jenen Booten mehr als 3700 Menschen oder werden noch vermisst.[46]

Bevorzugt gewählt wird für diese Flucht die Route über die Balkanroute, allerdings wird der Weg, aufgrund zahlreicher Grenzschließungen, immer schwieriger. Um Europa zu erreichen, müssen die Flüchtenden zunächst von der Türkei über die Ägäis nach Griechenland, wobei sie die Dienste der Schlepperbanden in Anspruch nehmen, auch wenn die weitere Reise noch so ausweglos erscheint. Denn alle hoffen darauf, doch eine Option zur Weiterreise zu finden, wenn das europäische Festland erst einmal erreicht ist.[47]

Dieses Vorgehen opfert jedoch nicht nur viele Menschenleben, es überfordert auch Griechenland, welches noch immer mit seiner schlechten wirtschaftlichen Lage zu kämpfen hat. Der zu stemmende Ansturm an Flüchtenden ist dabei eine zusätzliche Belastung, die Griechenland weiter in die Schulden treibt.[48] Als Teil der EU sollen die Griechen unterstützt werden, weshalb intensiv nach einer europäischen Lösung gesucht wird, die keine weiteren Menschenleben fordert. Zu diesem Zweck hat die Europäische Kommission einen Deal mit der Türkei ausgehandelt, nach dem diese sich bereit erklärt, illegal geschleuste Heimatvertriebene zurückzunehmen, wenn für jeden zurückgenommenen ein Flüchtling aus der Türkei auf legalem Weg in die EU überführt wird. Diese Regelung bezieht sich allerdings nur auf syrische Asylbewerber. Mithilfe des Abkommens mit der Türkei soll illegalen Schleppern das Handwerk gelegt werden.[49] Darüber hinaus sieht der Beschluss der EU-Kommission eine finanzielle und personelle Unterstützung Griechenlands vor. Die Flüchtlinge aus der Türkei sollen im folgenden Schritt auf ganz Europa verteilt werden.[50] Für eine solche europäische Lösung hatte sich Bundeskanzlerin Angela

---

45 Vgl. Ebd.

46 Vgl. Ebd., S.4.

47 Vgl. Ebd.

48 Vgl. Peter Müller/ Christoph Pauly: Schulden und Flüchtlinge: Griechenlands doppelte Krise. In: Spiegel Online, 27.02.2016, URL: http://www.spiegel.de/wirtschaft/soziales/griechenland-schon-im-maerz-2016-pleite-a-1079485.html (11.07.2016).

49 Vgl. European Commission: Fact Sheet. EU-Turkey Agreement: Questions and Answers. Brüssel 2016.

50 Vgl. Europäischer Rat: Schlussfolgerungen des Europäischen Rates vom 17./18. März 2016. In: Consilium.europa.eu, 18.03.2016, URL: http://www.consilium.europa.eu/de/press/press-releases/2016/03/18-european-council-conclusions/ (07.07.2016).

Merkel intensiv eingesetzt und die Übereinkunft mit der Türkei ist ein klarer Schritt in diese Richtung.[51]

Allerdings wird der Türkei-Deal nicht nur positiv gesehen. Da eine vollständige Gegenüberstellung von Pro und Contra den Rahmen dieser Bachelorarbeit sprengt, wird hier nur ein entscheidendes, für die Forschungsfrage relevantes Argument dargelegt: Entscheidend ist Angela Merkels ablehnende Einstellung zu Alternativen und die daraus resultierende Abhängigkeit von der Türkei, die von vielen Seiten kritisiert wird. Merkel hat sich klar dazu geäußert, dass das Flüchtlingsabkommen mit der Türkei die anzustrebende Lösung sei und so findet sich die Türkei in einer Machtposition gegenüber Deutschland und der Europäischen Union wieder.[52] Sie fordert vor allem eine Aufhebung der Visapflicht für Türken bei der Einreise in die EU, was unter den Aspekten der Massenzuwanderung als auch der Terrorgefahr als bedenklich eingestuft wird.[53] Eine der Bedingungen für die Entsprechung dieser Forderung der Türkei ist jedoch die strenge Achtung der Grundfreiheiten, vor allem der Meinungs- und Pressefreiheit, vonseiten der Türkei.[54]

Aus Angst, der Pakt könne scheitern, vermeiden Merkel und ihre Regierung es allerdings, die türkische Regierung zu verärgern. Während diese anlässlich zahlreicher Menschenrechtsverletzungen zuvor offen kritisiert wurde, schweigen deutsche Regierungsvertreter nun oder umgehen eine Antwort. So auch Kanzleramtsminister Peter Altmaier, der für die Koordination der Heimatvertriebenen zuständig ist. In einem Interview mit der taz antwortet er auf die Frage, weshalb ausgerechnet der türkische Präsident für die Umsetzung eines solchen Abkommens qualifiziert sei, der Journalist solle Verständnis dafür haben, dass er nicht bereit sei, andere Regierungen im Interview zu kritisieren.[55]

---

51 Vgl. Issio Ehrich: Merkels Befreiungsschlag. Der Türkei-Deal ist das geringere Übel. In: n-tv.de, 17.03.2016, URL: http://www.n-tv.de/politik/politik_kommentare/Der-Tuerkei-Deal-ist-das-geringere-Uebel-article17243476.html (07.07.2016).

52 Vgl. Wolfram Weimer: Erdoğan erpresst Europa. In: n-tv.de, 08.03.2016, URL: http://www.n-tv.de/politik/politik_person_der_woche/Erdogan-erpresst-Europa-article17168726.html (12.07.2016).

53 Vgl. Anonymus: Nach EU-Türkei-Deal. Viel Lob für Merkel. In: Handelsblatt.com, 19.03.2016, URL: http://www.handelsblatt.com/politik/international/nach-eu-tuerkei-deal-viel-lob-fuer-merkel-/v_detail_tab_print/13343610.html (07.07.2016).

54 Vgl. Europäischer Rat: Schlussfolgerungen.

55 Vgl. Robin Alexander: Wie Berlin vor dem türkischen Präsidenten buckelt. In: Die Welt, 06.04.2016, URL: http://www.welt.de/debatte/kolumnen/platz-der-republik/article154068799/Wie-Berlin-vor-dem-tuerkischen-Praesidenten-buckelt.html (07.07.2016).

Vor diesem politischen Hintergrund sind die Handlungsoptionen der Kanzlerin im Umgang mit der Inszenierung Böhmermanns begrenzt. Der Vorwurf wird laut, dass die Entscheidung Merkels zur Freigabe der Strafverfolgung Jan Böhmermanns aus politischem Kalkül und somit zu Lasten der Kunstfreiheit getroffen wurde. Im weiteren Verlauf dieser Bachelorarbeit wird diese Problematik näher beleuchtet.

3 Erörterung der Forschungsfrage

Das vorliegende Kapitel nimmt zunächst die Performance Böhmermanns mitsamt ihrer Vorgeschichte und anschließenden Reaktionen in den Blick, um sie dann, anhand der zuvor geschaffenen Grundlagen, tiefergehend auf ihre Wirkung und eine mögliche Einordnung zu analysieren. Dabei wird auch Böhmermanns Eingriff in Politik und Recht eine Rolle spielen, wie er diese zur Performance macht und, mithilfe seiner Satire, aktiv in die Realität eingreift, Grenzen auslotet und die Wirklichkeit somit verändert. Zu guter Letzt wird auch die Reaktion der Kanzlerin genauer betrachtet werden, um dann in einem Fazit zu einem zusammenfassenden Ergebnis zu kommen.

3.1 Darlegung des ‚Falls Böhmermann'

Die nachfolgenden Ausführungen stellen den ‚Fall Jan Böhmermann' in den Fokus. Es wird eine chronologische Abfolge des Geschehens vom auslösenden Ereignis bis hin zu Reaktionen auf die verschiedenen Ereignisse und ihre Auswirkungen entworfen.

Als Auslöser der Aufführung der hier behandelten Satire durch Jan Böhmermann kann das satirische Lied ‚Erdowie, Erdowo, Erdogan' des NDR-Magazins extra 3 gesehen werden, ausgestrahlt am 17. März 2016 in der ARD.[56] In diesem wird der türkische Präsident Recep Tayyip Erdoğan unter anderem für die Verletzung von Presse- und Meinungsfreiheit kritisiert. Es heißt dazu: „Ein Journalist, der was verfasst, das Erdoğan nicht passt, ist morgen schon im Knast."[57] Als Reaktion auf den Song bestellt der türkische Ministerpräsident den deutschen Botschafter in der Türkei, Martin Erdmann, ins Außenministerium ein, um von diesem eine Löschung des entsprechenden Beitrags zu fordern.[58] Erdmann habe in diesem Zusammenhang die Meinungs- und Pressefreiheit als Grundlage der Demokratie in Deutschland verteidigt und damit den Erdoğan-Song von extra 3 für rechtens und

[56] Vgl. Anonymus: Erdogan-Satire: Botschafter betont Pressefreiheit. In: NDR.de, 29.03.2016, URL: http://www.ndr.de/nachrichten/Erdogan-Satire-Botschafter-betont-Pressefreiheit,erdogan182.html (29.07.2016).

[57] extra 3: Song: Erdowie, Erdowo, Erdogan | extra 3 | NDR. In: Youtube, 17.03.2016, URL: https://www.youtube.com/watch?v=R2e2yHjc_mc (17.08.2016), TC 00:00:19 – TC 00:00:27.

[58] Vgl. Anonymus: Extra 3 kürt Erdogan zum „Mitarbeiter des Monats". In: NDR.de, 29.03.2016, URL: http://www.ndr.de/fernsehen/sendungen/zapp/Mitarbeiter-des-Monats-Recep-Tayyip-Erdogan,erdogan188.html (29.07.2016).

schützenswert erklärt, weshalb es weder die Möglichkeit noch die Notwendigkeit gebe, dagegen vorzugehen.[59]

In ganz Deutschland echauffiert man sich jedoch darüber, dass Erdoğan es überhaupt wagt, nun sogar ausländische Medien kontrollieren zu wollen. Damit sei eine neue Eskalationsstufe in der Missachtung von Presse- und Meinungsfreiheit erreicht.[60] Der extra-3-Redaktionsleiter Andreas Lange fühlt sich durch die Reaktion der türkischen Regierung gerade darin bestätigt, mit dieser Satire ein relevantes Thema angesprochen und alles richtig gemacht zu haben.[61] Doch von der Bundesregierung kommt keinerlei Reaktion, was in Kombination mit dem Pakt mit der Türkei in der Flüchtlingsfrage scharfe Kritik hervorruft. Die Bundestagsvizepräsidentin Claudia Roth (Bündnis 90/ Die Grünen) kommentiert die ausbleibende Resonanz vonseiten der Bundesregierung wie folgt: „Der Flüchtlingsabwehr-Deal mit der Türkei ist nicht nur teuer erkauft, sondern er wird uns auch teuer zu stehen kommen.“[62] Auch Jan Böhmermann macht seinem Ärger darüber Luft, zunächst auf Twitter, indem er dort am 29. März 2016 schreibt: „Schon gelesen, wie @RegSprecher, @peteraltmaier und @HeikoMaas hier @extra3 und Kunstfreiheit gegen @RT_Erdogan verteidigen? Ich auch nich [sic!]“[63].

Sein nächster Schritt, gleichermaßen Ausdruck seiner Meinung, dass man Satire und Meinungsfreiheit schützen muss, folgt am 31. März 2016. In seiner Satire-Sendung Neo Magazin Royale leitet Jan Böhmermann seine Schmähkritik-Performance ein, indem er die von Erdoğan beanstandete Satire von extra 3 lobt.[64] Da die türkische Regierung offensichtlich jede Satiresendung in Deutschland sehe, spricht er die Türken zu Beginn seiner Performance bereits direkt und persönlich an und stellt umgehend klar: Der extra 3-Song ‚Erdowie, Erdowo, Erdogan' ist in Deutschland gedeckt von der Kunstfreiheit und der Meinungsfreiheit und die Aussprache

59 Vgl. Anonymus: Erdogan-Satire.

60 Vgl. Anonymus: Extra 3 kürt Erdogan.

61 Vgl. Ebd.

62 Anonymus: Türkischer Prozess gegen NDR-Satire: Erdogan poltert, Berlin schweigt. In: tagesschau.de, 29.03.2016, URL: https://www.tagesschau.de/ausland/erdogan-satire-103.html (29.07.2016).

63 Jan Böhmermann (@janboehm): Schon gelesen [...]. In: Twitter, 29.03.2016 (5:50 Uhr), URL: https://twitter.com/janboehm/status/714796750347833347?lang=de (22.08.2016).

64 Vgl. Bernd Zoidberg: NEO MAGAZIN ROYALE vom 31.03.2016 (UNCUT). In: Vimeo, 01.04.2016, URL: https://vimeo.com/161209329 (17.08.2016), TC 00:11:22. Zit. nach Neo Magazin Royale, D 2016, Erstausstrahlung: 31.03.2016.

und Ausstrahlung solch humorvoller Umsetzung von Kritik somit völlig legal.[65] Anschließend unterstreicht Böhmermann diese Tatsache, gemeinsam mit seinem Kollegen Ralf Kabelka, indem er die entsprechenden Paragraphen liefert. Damit macht Böhmermann seinen Standpunkt zur notwendigen Verteidigung und Relevanz der Meinungsfreiheit deutlich und vollzieht mithin das, was die Bundesregierung in seinen Augen verfehlt hat. Jan Böhmermann geht jedoch noch weiter und präsentiert, um die Grenzen der zulässigen Satire aufzuzeigen, im Rahmen dessen, was man nicht sagen dürfe, was nicht von der Kunst- und Meinungsfreiheit geschützt sei, das Gedicht ‚Schmähkritik'. In diesem bezeichnet er den türkischen Präsidenten Recep Tayyip Erdoğan unter anderem als „schwul, pervers, verlaust und zoophil"[66]. Das Schmäh-Gedicht, das isoliert betrachtet plump beleidigend klingen mag, lässt im Kontext der gesamten Performance jedoch deutlich eine künstlerische Intervention zur Verteidigung der Kunst- und Meinungsfreiheit erkennen, was in der vorliegenden Bachelorarbeit noch tiefergehend analysiert werden wird.

Am 1. April 2016 reagiert das ZDF umgehend auf Böhmermanns Performance und nimmt die entsprechende Sendung aus der Mediathek. Das ZDF liefert zu dem ungewöhnlich massiven Eingriff in die Freiheiten eines seiner Künstler bei Facebook folgendes Statement ab:

> +++INFORMATION+++
> Die Parodie im NEO MAGAZIN ROYALE vom 31. März zum Umgang des türkischen Staatspräsidenten mit Satire entspricht nicht den Ansprüchen, die das ZDF an die Qualität von Satiresendungen stellt. Aus diesem Grund wurde die Passage aus der Sendung entfernt. Derzeit steht die Sendung nicht mehr zum Abruf in der Mediathek zur Verfügung.[67]

Auch betont Programmdirektor Norbert Himmler noch einmal, dass ein solches Verfahren mit einem Satirebeitrag für das ZDF äußerst ungewöhnlich sei und man den Künstlern in der Regel bereitwillig große Freiräume gebe, doch bei Jan

65 Vgl. Ebd., TC 00:11:40.

66 Ebd., TC 00:14:30.

67 ZDFneo: +++INFORMATION+++ [...]. In: Facebook, 01.04.2016 (7:05 Uhr), URL: https://www.facebook.com/ZDFneo/posts/10154183949654636 (22.08.2016).

Böhmermanns Schmähkritik-Performance sei die Grenze von Satire erreicht. Außerdem sei die Löschung in Absprache mit Jan Böhmermann vonstattengegangen.[68]

Am 4. April folgt dann die erste Reaktion der Kanzlerin auf Böhmermanns Schmähkritik-Inszenierung. Der Regierungssprecher Steffen Seibert teilt mit, Angela Merkel habe Böhmermanns Gedicht am Vorabend, im Rahmen eines Telefonats mit dem türkischen Ministerpräsidenten Ahmet Davutoglu, als „bewusst verletzend“[69] bezeichnet, auf die Maßnahmen verwiesen, die das ZDF mit der Löschung aus der Mediathek bereits ergriffen habe und darüber hinaus klar gemacht, dass Kunst- und Meinungsfreiheit in unserem Land zwar sehr wichtig seien, es aber auch in Deutschland Grenzen gebe.[70]

Am 07. April eröffnet die Staatsanwaltschaft Mainz das Strafverfahren gegen Jan Böhmermann, bereits 20 Strafanzeigen von Privatpersonen liegen vor, weitere werden erwartet, die alle in einem Ermittlungsverfahren zusammengefasst werden sollen. Ermittelt wird wegen des Verdachts auf Beleidigung von Vertretern oder Organen ausländischer Staaten.[71] Ob auch die Türkei noch Strafantrag stellen wird, ist zu diesem Zeitpunkt noch nicht sicher, allerdings wird nach dem Telefonat Merkels mit Ministerpräsident Davutoglu die Möglichkeit gesehen, dass die Türkei auf den Schritt des Strafantrags verzichten könnte.[72]

Böhmermann reagiert auf die Eröffnung des Strafverfahrens, indem er am 8. April mit der Grimme-Preis-Verleihung den ersten öffentlichen Termin absagt. Dort sollte er für ‚#Varoufake' und seine Satire rund um den ehemaligen Finanzminister Griechenlands, Yanis Varoufakis, und dessen Mittelfinger aus dem Frühjahr 2015

68 Vgl. Anonymus: „Neo Magazin Royale“: ZDF löscht Böhmermann-Gedicht auf Erdogan. In: Spiegel Online, 01.04.2016, URL: http://www.spiegel.de/kultur/tv/zdf-zensiert-boehmermann-schmaehgedicht-auf-erdogan-a-1085087.html (29.07.2016).

69 Anonymus: Satire-Streit: Merkel nennt Böhmermanns Erdogan-Gedicht „bewusst verletzend“. In: SZ.de, 04.04.2016, URL: http://www.sueddeutsche.de/politik/satire-streit-merkel-nennt-boehmermanns-erdoan-gedicht-bewusst-verletzend-1.2933877 (30.07.2016).

70 Vgl. Ebd.

71 Vgl. Anonymus: Schmähgedicht gegen Erdogan: Ermittlungen gegen Böhmermann – Anzeigen gegen ZDF. In: tagesschau.de, 07.04.2016, URL: https://www.tagesschau.de/inland/boehmermann-merkel-107.html (30.07.2016).

72 Vgl. Hans Monrath/ Robert Klages: Böhmermanns Erdogan-Gedicht. Staatsanwaltschaft ermittelt auch gegen ZDF-Verantwortliche. In: Der Tagesspiegel, 07.04.2016, URL: http://www.tagesspiegel.de/politik/boehmermanns-erdogan-gedicht-staatsanwaltschaft-ermittelt-auch-gegen-zdf-verantwortliche/13407794.html (30.07.2016).

ausgezeichnet werden.[73] Vor der offiziellen Bestätigung durch das Grimme-Institut postet Böhmermann auf Facebook, er sei erschüttert in allem, was er je geglaubt habe, so könne er bei der Grimme-Preis-Verleihung nicht feiern und bitte daher um das Verständnis der Zuschauer.[74]

Die Türkei wird am 10. April ebenfalls aktiv und fordert mit einer sogenannten ‚Verbalnote' beim Auswärtigen Amt die Strafverfolgung Böhmermanns. Die Bundesregierung erklärt, deren Inhalt schnellstmöglich und sorgfältig zu prüfen.[75] Kanzleramt, Auswärtiges Amt und Justizministerium wollen in den folgenden Tagen entscheiden, ob sie dem Strafverlangen der türkischen Regierung stattgeben. Dies ist Voraussetzung für eine Strafverfolgung Böhmermanns auf Grundlage des § 103 StGB[76], der Beleidigung von Organen und Vertretern ausländischer Staaten.[77]

Auf die offizielle Forderung der türkischen Regierung stellt Recep Tayyip Erdoğan am 11. April 2016 außerdem persönlich, als Privatperson, eine Strafanzeige wegen Beleidigung gegen Jan Böhmermann. Selbst wenn die Bundesregierung keine Ermittlungen nach § 103 StGB genehmigt, sind durch den Strafantrag Erdoğans als Privatperson nun Ermittlungen wegen Beleidigung nach § 185 StGB[78] möglich. Damit erhöht Erdoğan die Wahrscheinlichkeit, dass es zur strafrechtlichen Ermittlung gegen Böhmermann und sein Schmäh-Gedicht kommt.[79]

Eine Reaktion Böhmermanns folgt schon am nächsten Tag. Am 12. April 2016 sagt er die nächste Sendung von Neo Magazin Royale ab, die am 14. April hätte ausgestrahlt werden sollen. Verkündet und begründet wird dieser Schritt auf Facebook. Die „massive Berichterstattung und der damit verbundene Fokus auf die Sendung

---

73 Vgl. Anonymus: Grimme-Preis in Marl. Böhmermann sagt Auftritt bei Verleihung ab. In: tagesschau.de, 08.04.2016, URL: https://www.tagesschau.de/inland/boehmermann-merkel-109.html (30.07.2016).

74 Vgl. Jan Böhmermann: Ich fühle mich erschüttert [...]. In: Facebook, 08.04.2016 (4:32 Uhr), URL: https://www.facebook.com/jboehmermann/posts/1168220633210458 (22.08.2016).

75 Vgl. Anonymus: Verbalnote an Bundesregierung: Türkei verlangt Strafprozess gegen Böhmermann. In: Deutschlandfunk, 10.04.2016, URL: http://www.deutschlandfunk.de/verbalnote-an-bundesregierung-tuerkei-verlangt-strafprozess.1818.de.html?dram:article_id=350871 (30.07.2016).

76 Siehe Anlage 2.

77 Vgl. Anonymus: Erdogan gegen Böhmermann. „Strafverlangen" und Strafantrag". In: tagesschau.de, 12.04.2016, URL: www.tagesschau.de/inland/boehmermann-juristisch-103.html (31.05.2016).

78 Siehe Anlage 2.

79 Vgl. Ebd.

und den Moderator"[80] hätten seine Produktionsfirma und ihn, in Abstimmung mit dem ZDF, letztendlich dazu bewegt, die nächste Folge von Neo Magazin Royale zunächst nicht zu produzieren.[81] Zudem steht Böhmermann mittlerweile unter Polizeischutz, vor seinem Haus parkt ein Streifenwagen.[82]

Am 14. April erfährt Jan Böhmermann dann gleich von mehreren Seiten Zuspruch. Zunächst ist mit Anbruch des Tages die Frist für die Einreichung einer Unterlassungserklärung vonseiten Böhmermanns abgelaufen. Die Abgabe solch einer Erklärung beim Anwalt Erdoğans hätte gewährleisten sollen, dass Böhmermann sein Schmähgedicht in keiner Weise erneut vorträgt oder verbreitet. Sein Anwalt, Christian Schertz, teilt diesbezüglich mit, dass „offensichtlich übersehen worden [ist], dass das Gedicht nicht solitär verbreitet wurde, sondern in einer Gesamtdarstellung, über das, was in Deutschland erlaubt ist und was nicht."[83] Damit ordnet er das Gedicht, in einem solchen Rahmen, als rechtlich zulässig ein und lehnt die Unterlassungserklärung, die Erdoğans Anwalt gefordert hat, ab.[84] Darüber hinaus gibt auch das ZDF eine offizielle Stellungnahme vor der Mainzer Staatsanwaltschaft ab, in der es, mit Bezugnahme auf eine Expertise der Kanzlei Redeker Sellner Dahs, Böhmermanns Schmähgedicht für legitim erklärt. Außerdem protestieren die Redakteure des ZDF gemeinschaftlich dafür, dass die umstrittene Sequenz aus dem Neo Magazin Royale vom 31.03.2016 wieder in voller Länge in die Mediathek gestellt wird. In einem Schreiben des Redakteurausschusses heißt es, der Programmauftrag sei, im Gegensatz zu der anfänglichen Stellungnahme des ZDF, schon allein dadurch erfüllt, indem es Regierungschefs beschäftigt und eine juristische Belehrung ersetzt.[85] Deshalb würden sie „es begrüßen, wenn die 'Schmähkritik' vom

---

80 Neo Magazin Royale: Die Produktionsfirma [...]. In: Facebook, 12.04.2016 (15:29 Uhr), URL: https://www.facebook.com/neomagazinroyale/posts/804745409655965 (22.08.2016).

81 Vgl. Ebd.

82 Vgl. Anonymus: Reaktion auf Streit um Erdoğan-Gedicht. Böhmermann steht unter Polizeischutz - und sagt Sendung ab. In: SZ.de, 12.04.2016, URL: http://www.sueddeutsche.de/medien/reaktion-auf-streit-um-erdoan-gedicht-boehmermann-steht-unter-polizeischutz-und-sagt-sendung-ab-1.2946578 (30.07.2016).

83 Anonymus: Böhmermann lässt in Erdogan-Affäre Frist für Unterlassungserklärung verstreichen. ZDF hält umstrittenes Schmähgedicht für "rechtlich zulässig". In: Die Welt, 14.04.2016, URL: http://www.welt.de/newsticker/news1/article154345496/Boehmermann-laesst-in-Erdogan-Affaere-Frist-fuer-Unterlassungserklaerung-verstreichen.html (30.07.2016).

84 Vgl. Ebd.

85 Vgl. Ebd.

Giftschrank wieder in die Mediathek gestellt wird. Als Dokument der Zeitgeschichte."[86]

Eine gegensätzliche Entscheidung von politischer Seite schließt sich jedoch bereits am 15. April 2016 an. Kanzlerin Angela Merkel verkündet, dass die Bundesregierung der Forderung der türkischen Regierung stattgibt und ein Ermittlungsverfahren nach § 103 StGB erlaubt. Nach dem Verfahren gegen Jan Böhmermann solle dieser Paragraph jedoch abgeschafft werden. Mit jener Verkündung stellt Merkel sich bewusst gegen die SPD. Denn während die CDU-Spitze, also das Kanzleramt samt Angela Merkel und Innenminister Thomas de Maizière, der Ansicht sind, es sei Aufgabe der Justiz, zwischen Kunstfreiheit und Persönlichkeitsrecht zu entscheiden, unterstreicht die SPD, dass sie die Forderungen der türkischen Regierung als überzogen und daher den Fall als nicht justitiabel ansehe. Um deutlich zu machen, dass sie selbst sich von dieser Entscheidung Merkels distanzieren, treten die SPD-Spitzenpolitiker, Fraktionschef Thomas Oppermann, Außenminister Frank-Walter Steinmeier und Justizminister Heiko Maas, nach Merkels Verkündung der Entscheidung selbst vor die Kamera.[87]

Die Wirkung dieses Entschlusses auf Jan Böhmermann offenbart sich am nächsten Tag, als er über Facebook eine Fernsehpause ankündigt. Das ZDF präzisiert deren Länge auf vier Wochen, in denen der Moderator und Satiriker sich völlig aus dem Fernsehprogramm zurückziehen wolle.[88] In seinem Post bei Facebook rechtfertigt Böhmermann diese Entscheidung dennoch mit Humor:

[86] Ebd.

[87] Vgl. Thomas Seibert: Satire-Affäre: Böhmermann, Erdogan, Merkel und die Folgen. In: Der Tagesspiegel, 16.04.2016, URL: http://www.tagesspiegel.de/politik/satire-affaere-boehmermann-erdogan-merkel-und-die-folgen/13455884.html (28.06.2016).

[88] Vgl. Anonymus: Nach Merkels Ermächtigung: Böhmermann kündigt Fernsehpause an. In: Der Tagesspiegel, 16.04.2016, URL: http://www.tagesspiegel.de/medien/nach-merkels-ermaechtigung-boehmermann-kuendigt-fernsehpause-an/13457340.html (31.07.2016).

> Daher habe ich mich entschlossen eine kleine Fernsehpause einzulegen, damit sich die hiesige Öffentlichkeit und das Internet mal wieder auf die wirklich wichtigen Dinge wie die Flüchtlingskrise, Katzenvideos oder das Liebesleben von Sophia Thomalla konzentrieren kann. Denn es gibt möglicherweise bedeutsamere Themen, als die Diskussion um ein in einer Satire-Sendung vorgetragenes Gedicht. Darüber hinaus ist die Redaktion davon überzeugt, dass ein weiterer Song von Dieter „Didi" Hallervorden zum Thema unbedingt zu verhindern ist. Das, und darin sind sich hier alle einig, MUSS oberste Priorität haben![89]

Außerdem bedankt er sich für die große Welle der Solidarisierung, die ihn in dieser Situation von allen Seiten erreicht.[90]

Am 18. April 2016 reicht Jan Böhmermanns Anwalt Christian Schertz eine Schutzschrift an Deutschlands Landgerichte ein. Mithilfe dieser soll gewährleistet werden, dass Böhmermann das Schmähgedicht weiter nutzen darf und einer einstweiligen Verfügung durch Erdoğans Anwalt vorgebeugt werden, die eine weitere Verwendung unterbände. Schertz argumentiert für diese Forderung auf 23 Seiten, warum es sich bei dem Gedicht - in der durch Böhmermann präsentierten Form - nicht um eine ehrlich gemeinte Diffamierung Erdoğans handle.[91] Eines seiner Argumente ist dabei die Form der Darstellung, nämlich in einem Gedicht, was zeige, dass „[...] künstlich demonstriert werden sollte, wie man eine Schmähkritik anfertigt. Es war also eine Art Muster [...].[92]

Einige Tage später, am 22. April, gibt Bundeskanzlerin Merkel, im Rahmen eines Treffens der Ministerpräsidenten der Länder in Berlin, erstmals zu, im Umgang mit der Böhmermann-Affäre Fehler gemacht zu haben. Allerdings bereue sie nicht ihre Entscheidung, die Ermächtigung für eine Ermittlung gegen Böhmermann nach § 103 StGB erteilt zu haben. Lediglich die Kundgabe ihrer persönlichen Meinung, indem sie das Gedicht als ‚bewusst verletzend' bezeichnet habe, sei nicht richtig

89 Jan Böhmermann: Liebe Fans des Neo Magazin Royale [...]. In: Facebook, 16.04.2016 (13:39 Uhr), URL: https://www.facebook.com/jboehmermann/posts/1174196975946157 (22.08.2016).

90 Vgl. Ebd.

91 Vgl. NORDMAGAZIN: Böhmermann-Anwalt reicht Schutzschrift ein. In: NDR.de, 19.04.2016, URL: http://www.ndr.de/fernsehen/sendungen/nordmagazin/Boehmermann-Anwalt-reicht-Schutzschrift-ein,nordmagazin35262.html (23.08.2016), TC 00:00:34 – TC 00:00:55.

92 Ebd., TC 00:00:45 – TC 00:00:55.

gewesen, denn so sei fälschlicherweise der Eindruck entstanden, dass ihre Meinung hier von Bedeutung sei.[93]

Böhmermann kritisiert Angela Merkel am 4. Mai 2016 in seinem ersten Interview seit seinem Rückzug sowohl für ihre Äußerung zu dem Gedicht als auch für ihr Urteil zur Freigabe der strafrechtlichen Verfolgung. In diesem schriftlichen Interview mit der ZEIT merkt er an, er habe sich am meisten darüber amüsiert „dass die Chefin des Landes der Dichter und Denker offenbar nicht einen Moment über das Witzgedicht und besonders seine Einbindung nachgedacht hat, bevor sie sich mit ihrem öffentlichen Urteil blamiert hat."[94] Jedoch äußert Böhmermann sich in diesem Interview auch ernsthaft und kritisch dahingehend, dass sein Glaube an das System in Deutschland erschüttert sei: „Die Bundeskanzlerin darf nicht wackeln, wenn es um Freiheit und Menschenrechte geht. Doch stattdessen hat sie mich filetiert, einem nervenkranken Despoten zum Tee serviert und einen deutschen Ai Weiwei aus mir gemacht."[95]

Am 17. Mai dann erklärt das Landgericht Hamburg Teile des Schmähgedichts als verboten und untersagt Böhmermann damit die erneute Aufführung oder Äußerung bestimmter Passagen des Schmähgedichts. Nicht die gesamte Performance wird verboten, sondern nur bestimmte Verse des Gedichts, die nach den Maßstäben des Gerichts aufgrund von Rassismus und sexuellen Bezügen nicht mehr hinzunehmen sind.[96]

Im weiteren Verlauf hat es noch mehrere Ereignisse und Reaktionen gegeben, die hier jedoch keine Erwähnung finden, da sie für die Erörterung der Forschungsfrage nicht von Belang sind.

---

93 Vgl. Anonymus: Gedicht über Erdogan: Merkel räumt Fehler in Böhmermann-Affäre ein. In: Spiegel online, 22.04.2016, URL: http://www.spiegel.de/politik/deutschland/jan-boehmermann-angela-merkel-raeumt-fehler-ein-a-1088861.html (31.07.2016).

94 Matthias Kalle/ Moritz von Uslar/ Jan Böhmermann: Jan Böhmermann. „Ich bin gespannt, wer zuletzt lacht". In: ZEIT ONLINE, 04.05.2016, URL: http://www.zeit.de/2016/20/jan-boehmermann-interview-schmaehkritik/komplettansicht (31.07.2016).

95 Ebd.

96 Vgl. Anonymus: LG Hamburg verbietet Teile des Böhmermann-Gedichts. In: Beck online, 18.05.2016, URL: https://beck-online.beck.de/Treffer/34/Dokument?vpath=bibdata%2Freddok%2Fbecklink%2F2003321.htm&hlwords=on (22.08.2016).

3.2 Jan Böhmermanns Inszenierung – (Performance-)Kunst oder Schmähkritik?

Basierend auf den bisherigen Erläuterungen wird in diesem Unterkapitel eine genauere Einordnung der Inszenierung Böhmermanns in den Bereich der Performance-Kunst vorgenommen. Außerdem wird ein Ansatz skizziert, binnen dessen eine Einordnung als Schmähkritik möglich wäre.

Wie in Kapitel 2.2 bereits erwähnt, ist eine ganzheitliche Betrachtung der Satire durch das Gericht vonnöten, um sie rechtlich einordnen zu können. Eine Problematik im Fall Böhmermann stellt dar, dass das Schmähgedicht sich schnell verselbstständigte und so in vielen Fällen losgelöst vom Gesamtkontext der Inszenierung betrachtet wurde. Böhmermann kommentiert diese Entwicklung in seinem Interview mit der ZEIT vom 4. Mai persönlich, indem er ausdrücklich sagt, das Gedicht sei nur ein kleiner Teil der Performance und dürfe auf gar keinen Fall aus dem Zusammenhang gerissen und isoliert betrachtet werden.[97] Und jeder, der das doch tue und das Gedicht losgelöst vom Rest der Performance betrachte, habe „nicht alle Latten am Zaun."[98] Böhmermann macht damit deutlich, dass er das umstrittene Gedicht selbst nur als untergeordneten Teil der ganzen Performance ansieht. Es sei nie sein Ziel gewesen, Erdoğan zu beleidigen, was man dem plumpen und schlechten Gedicht, das mit jedes erdenkliche Vorurteil beinhaltet, wohl auch angemerkt haben sollte. Stattdessen gehe es um die Freiheit in Deutschland und deren Grenzen.[99]

Betrachtet man die gesamte Schmähkritik-Performance, so wird schnell klar, dass das Gedicht nicht im Vordergrund steht. Wäre dem so, wäre es vermutlich lediglich anmoderiert und dann in seiner Gänze vorgetragen worden. Doch das Gedicht macht nur einen sehr kleinen Teil der Performance aus. Es besteht aus 24 Versen, die, vorgetragen in einer sechsminütigen Inszenierung, immer wieder von einordnenden Kommentaren Böhmermanns und Gesprächen mit seinem Sidekick, Ralf Kabelka, durchbrochen werden.[100] Böhmermann begibt sich dabei auf eine didaktische Ebene, auf der er den Zuschauern die Grenzen der Demokratie Deutschlands exemplarisch vorführen will. Die Beleidigungen Erdoğans innerhalb des Gedichts

97 Vgl. Kalle/ Uslar/ Böhmermann: Jan Böhmermann.

98 Ebd.

99 Vgl. Ebd.

100 Vgl. Zoidberg: NEO MAGAZIN ROYALE vom 31.03.2016 (UNCUT). TC 00:10:48 – 00:16:48.

sind zwar tatsächlich vorhanden, jedoch kündigt Böhmermann diese auch mehrmals als verboten an und betont, dass es genau darum geht, nämlich zu zeigen, was in Deutschland, im Gegensatz zu der extra 3-Satire, tatsächlich nicht erlaubt ist.[101] Betrachtet man das Gedicht gesondert, so ist es ohne jegliche Einschränkung Schmähkritik. Innerhalb der Einbettung, die Jan Böhmermann vornimmt, ist es jedoch Teil einer Satire. Somit ist die gesamte Performance, das Gedicht inbegriffen, Kunst, während es sich bei dem losgelösten Gedicht um unerlaubte Schmähkritik handelt.

Bezeichnend für eine Fehldeutung und die isolierte Betrachtung des Gedichts durch die Gerichte ist die Entscheidung des Landgerichts Hamburg, einige Teile des Gedichts zu verbieten. Dies zeigt deutlich, dass das Gedicht eben nicht, wie vorgeschrieben, innerhalb der Gänze der Performance betrachtet wurde, sondern losgelöst davon. Diese Betrachtung verändert die Aussage der Inszenierung grundlegend und trifft damit nicht mehr die Intention Böhmermanns, wovor er, wie vorgehend thematisiert, ausdrücklich gewarnt hatte. Darüber hinaus vollzieht das Gericht, mit der Entscheidung, Teile des Gedichts als Schmähkritik zu definieren und daher zu verbieten, genau das, was Böhmermann mit seiner Performance bereits gemacht hat. Mit dem Unterschied, dass Jan Böhmermann das gesamte Gedicht als unerlaubte Schmähkritik einordnet, während das Gericht seinerseits nur Teile dessen verbietet.

Außerdem gilt, wie ebenfalls in Kapitel 2.2 erwähnt, vor Gericht der Grundsatz, dass Satire zwar Kunst sein kann, es jedoch nicht zwingend sein muss. Das Gesetz verbietet reine Schmähkritik, jedoch darf der Satiriker scharfe und herabwürdigende Aussagen treffen, sofern die kritikwürdigen Vorfälle weiterhin im Vordergrund stehen und er sich einer künstlerischen Formensprache bedient. Genau an dieser Stelle liegt auch die Grenze zwischen Kunst und Schmähkritik. Hätte Böhmermann das Gedicht kommentarlos, ohne die Einbettung in den Rest der Performance vorgetragen, wäre es Schmähkritik gewesen, da es sich um eine haltlose Beleidigung Erdoğans ohne tieferen Zweck gehandelt hätte. Vor allem entscheidend ist auch der Rahmen, der etwas zu Kunst macht. So wäre es verboten und strafbar gewesen, hätte Böhmermann sich vor die türkische Botschaft gestellt und Erdoğan das Gedicht dargeboten. In der Situation jedoch, in der er es erkennbar in dem Umfeld einer Satireshow, in der Rolle als Satiriker vorträgt ,und das Gesagte reflektiert

[101] Vgl. Ebd., TC 00:13:05 – TC 00:14:02.

und in eine Performance eingliedert, ist es Kunst.[102] Wie bereits erwähnt, betont Böhmermann, es sei nie um eine Beleidigung Erdoğans gegangen, sondern um die Freiheit von Kunst und Satire in Deutschland. Insofern ist die Vorgabe der Justiz, es müssten kritikwürdige Vorfälle im Vordergrund stehen, gegeben, wenn man, wie Böhmermann selbst, das Gedicht nur als untergeordneten Teil der gesamten Performance eingliedert.

Problematisch, was eine Einordnung als Kunst, statt als Schmähkritik angeht, ist jedoch die Tatsache, dass diese Intention Böhmermanns nicht von allen Seiten durchblickt wird. Nachdem Kanzlerin Angela Merkel Böhmermanns Gedicht ‚Schmähkritik' als ‚bewusst verletzend' bezeichnet hat, äußert Böhmermann sich amüsiert, die Kanzlerin habe die Einbindung wohl nicht verstanden. Doch selbst wenn die Einbindung in die Performance allgemein akzeptiert würde, stellt sich die Frage, ob eine Definition als Kunst und die Kommentare Böhmermanns auf der Metaebene, nämlich dass man so etwas, wie die Verse in dem folgenden Gedicht, nicht sagen darf, ein solches Schmähgedicht rechtfertigen. Gewährt Art. 5 Abs. 3 GG in Deutschland tatsächlich die uneingeschränkte Freiheit und damit den absoluten Schutz der Kunst, so dürfte Böhmermann auf keinen Fall verurteilt werden, denn das Schmähgedicht ist Teil der als Kunst definierten Performance und damit ebenfalls geschützt. Dass zumindest das Landgericht Hamburg Böhmermanns Inszenierung in einen performativen Kontext einordnet und damit zu Kunst erklärt, ist in der Begründung der teilweisen Verbietung des Gedichts explizit gemacht worden.[103]

Fraglich ist, wo vonseiten der Justiz der Fokus liegt. In dieser Hinsicht können zwei Ansätze ausgemacht werden. Zum einen können die Gerichte zugunsten des Kontextes entscheiden. Damit würde anlässlich Erdoğans Intervention nach der Ausstrahlung der Extra 3-Satire die Verteidigung der Freiheiten in Deutschland und eine Kenntlichmachung der tatsächlichen Grenzen im Vordergrund stehen. Das Gedicht ‚Schmähkritik' ist eingebettet in die Selbsteinordnung durch Böhmermann auf der Metaebene. Diese Einordnung Böhmermanns ist für eine Definition als

102 Vgl. Florian Werner/ Nina Brink: Tradition der Schmähkritik. Luther, Shakespeare, Böhmermann. In: Deutschlandradio Kultur, 14.04.2016, URL: http://www.deutschlandradiokultur.de/tradition-der-schmaehkritik-luther-shakespeare-boehmermann.1008.de.html?dram:article_id=351249 (28.06.2016).

103 Vgl. Anonymus: Fall Böhmermann: Der „Schweinefurz" war zu viel. In: SZ.de, 16.06.2016, URL: http://www.sueddeutsche.de/medien/kunstfreiheit-fall-boehmermann-der-schweinefurz-war-zu-viel-1.3036862 (19.07.2016).

Kunst maßgeblich und stellt damit eine gesetzliche Rechtfertigung der Performance samt Gedicht dar. Legt das Gericht den Schwerpunkt auf diese Integration des Gedichts, darf es als Teil der Kunst nicht verboten werden. Es ist jedoch möglich, dass das Gericht den Fokus, trotz offensichtlicher Einordnung als Kunst, auf die Inhaltsebene legt. Damit sähe die Justiz über die als Kunst eingeordnete Performance hinweg und stellt die tatsächlich vorgetragene Schmähkritik in den Vordergrund.[104] An dieser Stelle muss die Justiz also entscheiden, inwiefern sie die Kunstfreiheit lückenlos gewährleistet.

Von der Justiz und von vielen anderen Seiten wird Böhmermanns Satire in der Analyse als Performance eingeordnet. Denn er nutzt die Sprache nicht nur zu beschreibenden Zwecken, sondern handelt allein durch deren Nutzung. In dieser Hinsicht hat Böhmermann mit seiner Inszenierung genau das getan, was Kanzlerin Merkel noch im Jahr 2010 in einer Laudatio beim Medienpreis M100 Sanssouci Colloquium betonte. Nämlich, dass es in Deutschland nicht darum gehe, was man sagen darf, sondern darum, dass wir handeln und das Gesagte umsetzen, statt nur zu reden.[105] Böhmermann kommt mit seiner Performance genau dem nach. Er verändert mit Sprache die Welt und transformiert bisherige Gegebenheiten. Dies tut er, indem er Recht und Politik offen herausfordert und selbst zur Performance macht. Statt nur darüber zu reden, was Kunstfreiheit ist, performt er sie. Bevor er sein Schmähgedicht vorträgt, macht er deutlich, dass genau das, was nun folgt, verboten ist. Es sei unerlaubte Schmähkritik und könne nun verboten werden.[106] Indem er diese Grenze des Erlaubten überschreitet, führt er exemplarisch vor, worüber er referiert, nämlich dass Schmähkritik verboten ist und aus der Mediathek genommen werden kann, während das bei einer Satire wie der von extra 3 nicht der Fall ist. Dass sein Beitrag aus der Mediathek gelöscht wird, war also von vornherein Teil seiner Performance, nämlich satirisch zu zeigen, was Satire darf.[107] Während leere Reden über die Kunstfreiheit wahrscheinlich unbeachtet von Recht und Politik

[104] Vgl. Bernhard Pörksen: Analyse der Kritik an Jan Böhmermann: Was zählt: Der Rahmen oder das Bild? In: Der Tagesspiegel, 14.04.2016, URL: http://www.tagesspiegel.de/medien/analyse-der-kritik-an-jan-boehmermann-was-zaehlt-der-rahmen-oder-das-bild/13450172.html (19.07.2016).

[105] Vgl. Peter Kümmel: Jan Böhmermann. Der Hofnarr. In: ZEIT ONLINE, 28.04.2016, URL: http://www.zeit.de/2016/17/jan-boehmermann-angela-merkel-kritik-satire (19.07.2016).

[106] Vgl. Zoidberg: NEO MAGAZIN ROYALE vom 31.03.2016 (UNCUT). TC 00:13:05 – TC 00:13:40.

[107] Vgl. Lars Weisbrod: Satire. Das System Böhmermann. In: ZEIT ONLINE, 21.04.2016, URL: http://www.zeit.de/2016/16/satire-jan-boehmermann-fernsehen (02.08.2016).

nach der Ausstrahlung im Archiv verschwunden wären, geht Böhmermann so weit, dass er das Recht performt und dabei die Aufmerksamkeit großer Teile der Welt auf sich zieht und auf die Freiheiten und Grenzen der Kunst in Deutschland lenkt. Die Begründung des ZDF für eine Löschung des Beitrags ist nach näherer Betrachtung eher schwach. Denn hätte die Performance Böhmermanns tatsächlich die Standards des Senders untergraben, dann wäre sie vermutlich in anderer Art und Weise ausgestrahlt worden. In Kombination mit der Tatsache, dass sich das ZDF wenig später geschlossen hinter Böhmermann stellt,[108] wird dadurch noch deutlicher, dass die Löschung aus der Mediathek von vornherein Teil der Performance war.

Böhmermann macht jedoch nicht nur das Recht zur Performance, um Aufmerksamkeit zu erwecken, sondern auch die Politik. Durch seine Schmähkritik-Inszenierung bringt er Kanzlerin Merkel bewusst in eine Situation, in der sie sich ganz klar für oder gegen Erdoğan auf der einen Seite und die Kunstfreiheit auf der anderen positionieren muss. Jan Böhmermann kommentiert dies in seinem Interview mit der ZEIT. Der Flüchtlingsdeal mit der Türkei habe die Bundesregierung in Bedrängnis gebracht, nicht er mit seiner Performance. Mit dieser habe er nur deutlich gemacht, dass bei dem umstrittenen Deal Probleme zu erwarten sind und es unter Umständen fragwürdig ist, sich, statt eine langfristige und menschenwürdige Lösung zu finden, von einem Staat abhängig zu machen, in dem für uns wichtige Werte wie die Meinungs-, Presse- und Kunstfreiheit nicht hoch gehandelt werden.[109] Mit seiner Performance macht Böhmermann die Probleme, die aus diesem Deal resultieren, ganz real und deutlich. Er schafft eine Situation, in der dieses Abkommen und die damit zusammenhängende zwingende Unterwürfigkeit gegenüber der Türkei nicht nur in der Theorie, sondern in der Wirklichkeit unsere Rechte und Werte gefährdet. Durch Konstituierung einer solchen Situation, also indem er allein durch Sprache neue Gegenbenheiten und Voraussetzungen schafft, macht er auch hier die Menschen auf ganz reale Gefahren aufmerksam und stellt darüber hinaus die Belastbarkeit der diplomatisch-ökonomischen Konstruktion des Flüchtlingsdeals der Europäischen Union auf die Probe.[110]

---

108 Vgl. Anonymus: Böhmermann lässt in Erdogan-Affäre Frist für Unterlassungserklärung verstreichen.

109 Vgl. Kalle/ Uslar/ Böhmermann: „Ich bin gespannt, wer zuletzt lacht".

110 Vgl. Kümmel: Der Hofnarr.

Durch die Konstituierung des Ereignisses der Inszenierung und all der darauf folgenden Reaktionen schafft Böhmermann eine Performance, die eine neue kulturelle Wirklichkeit konzipiert und kreiert so ein Kunstwerk. Ein entscheidender Teil dessen ist auch, dass Böhmermann hier mit seiner Satire ganz klar Grenzen auslotet. Denn wie bereits in den Kapiteln 2.1 und 2.3 ausgeführt, sind Kulturen und ihre moralischen Regeln immer in Bewegung. Der Rahmen dessen, was toleriert wird, wird ständig neu ausgehandelt, indem durch Kunst und Kultur selbst, mithilfe von Grenzüberschreitungen, immer wieder neue Umfassungen für die Produktion von Kultur geschaffen werden. Genau das passiert auch durch Böhmermanns Performance. Durch Überschreitung der Grenzen unserer Kultur macht er jene sichtbar und liefert damit ein Beispiel für die performativen Züge von Kultur, die Fischer-Lichte formuliert. Überaus deutlich wird dies dadurch, dass Böhmermann mittels seiner Performance tatsächlich die Gesetzgebung verändert und somit, ohne Zweifel, eine neue (kulturelle) Wirklichkeit hervorbringt. Denn der scheinbar in Vergessenheit geratene § 103 StGB, ein Überbleibsel aus dem Kaiserreich, soll, allein aufgrund Böhmermanns Performance und der daraus resultierenden Aufmerksamkeit, im Jahr 2018 endgültig abgeschafft werden.[111]

Bei der Umgehung der Barrieren durch Kunst und Kultur gilt es jedoch eine Problematik zu beachten, die bereits in Kapitel 2.1 thematisiert wurde. Denn ganz abgesehen davon, dass ein Widerspruch Erdoğans - schon allein auf Grundlage seiner Reaktion auf den Song von extra 3 - zu erwarten war, ist Satire in völliger Abstimmung mit den moralischen Regeln der Kultur, in der sie aufgeführt wird, durch Globalisierung gar nicht mehr möglich. Kraft Digitalisierung und Globalisierung kann eine Satire innerhalb von Sekunden um die ganze Welt gehen und eine globale Entrüstung auslösen, selbst wenn sie mit den moralischen Regeln der Kultur des Satirikers konform geht.[112] Das Verständnis des uneigentlichen Sprechens Böhmermanns erfordert einen Kontext. Doch durch das Fehlen eines abgesteckten Rahmens und die schnelle Verbreitung bis zum Adressaten Recep Tayyip Erdoğan in der Türkei, gibt es eine Kontextkrise und die Folgen einer Performance sind noch schwieriger abzusehen als bei einer solchen ohne Ausstrahlung im Fernsehen. Sie

---

[111] Vgl. Christiane Peitz: Böhmermann, Satire und deutsche Richter. Ist das nun Kunst oder strafbar? In: Der Tagesspiegel, 13.04.2016,
URL: http://www.tagesspiegel.de/kultur/boehmermann-satire-und-deutsche-richter-ist-das-nun-kunst-oder-strafbar/13437766.html (19.07.2016).

[112] Vgl. Ebd.

sind nicht mehr klar einzugrenzen.[113] Durch den größeren oder sogar nicht vorhandenen Rahmen ergeben sich zwangsläufig Gefahren für den Performance-Künstler. So war Jan Böhmermann ab einem gewissen Zeitpunkt selbst geschockt von den massiven Auswirkungen auf sein Privatleben und das seiner Familie.[114] Doch auf der anderen Seite eröffnet eine solche Globalisierung der Kunst auch ganz neue Möglichkeiten für die Performance-Kunst. Denn wie bereits erläutert, befindet sich die Performance in einer Sphäre zwischen Theater und Wirklichkeit, weshalb sie mehr ‚darf' und dem Künstler unvergleichlich mehr Handlungsoptionen offenstehen als es in der Realität der Fall wäre. Denn die Performance findet in einem künstlerischen Rahmen statt, im ‚Fall Böhmermann' in einer Satire-Sendung, integriert allerdings, im Gegensatz zum Theater, ganz reale Ereignisse und greift aktiv in die Wirklichkeit ein. Mithilfe der Ausstrahlung im Fernsehen verändert der Performance-Künstler nicht nur die kleine ‚private' Wirklichkeit der Zuschauer im Raum. Er hat die Möglichkeit, aktiv in politisches und juristisches Geschehen einzugreifen, was die Performance-Kunst auf eine andere Stufe der Einflussmöglichkeiten hebt.

Einen weiteren wichtigen Aspekt diesbezüglich stellt die Zeitlichkeit dar. Je größer der Empfängerkreis wird, desto größer sind auch die Hürden, die genommen werden müssen, um die Performance letztendlich vor Publikum aufzuführen. Denn zu der Anwesenheit von Publikum, Künstler und dem Vorhandensein möglicher Requisiten muss bei einer Fernseh-Ausstrahlung auch die technische Seite funktionieren, es müssen mehr Menschen eingeweiht sein und je nachdem, wie kritisch das Thema ist, muss auch der Sender seine Zustimmung geben. Es wurde bereits darauf hingewiesen, dass die Schmähkritik-Performance Böhmermanns nicht völlig gegen die Grundsätze des Senders gewesen sein, da das ZDF sich sonst später, trotz Löschung aus der Mediathek, nicht geschlossen hinter Böhmermann gestellt und sich für eine gesetzliche Legitimation ausgesprochen hätte. Jan Böhmermann und Ralf Kabelka machen mit ihrer Inszenierung allerdings noch etwas anderes deutlich. Nämlich, dass die Sequenz der Sendung *hinterher* aus der Mediathek genommen werden kann, nicht aber vor der Ausstrahlung.[115] An dieser Stelle demonstrieren sie klar und deutlich den Unterschied zwischen einer Demokratie und

113 Vgl. Ebd.

114 Vgl. Kalle/ Uslar/ Böhmermann: „Ich bin gespannt, wer zuletzt lacht".

115 Vgl. Zoidberg: NEO MAGAZIN ROYALE vom 31.03.2016 (UNCUT). TC 00:13:05 – TC 00:13:15.

einer Autokratie und üben damit indirekt Kritik an Erdoğan. Denn in einem Regime wie dem des türkischen Präsidenten werden die Journalisten so unter Druck gesetzt, dass ein Witz, der Erdoğan nicht passt, gar nicht erst ausgesprochen wird.[116] In Deutschland jedoch ist das nicht möglich und auch diesen Aspekt der Zeitlichkeit setzt Jan Böhmermann performativ um, indem er an seiner Aufführung beispielhaft zeigt, dass einem Journalisten in Deutschland nicht von vornherein der Mund verboten wird, egal wie verletzend seine Äußerungen auch sein mögen. Nur muss er sich im Gegenzug für diese Freiheiten unter Umständen vor dem Rechtstaat rechtfertigen, sollte er dabei ein Gesetz verletzt haben. Doch eben erst *danach*.

Abschließend stellt sich natürlich die Frage, ob Jan Böhmermanns Performance geglückt ist oder nicht. Aufgrund der Ergebnisse der bisherigen Analyse kann man Böhmermanns Performance durchaus als solches bezeichnen. Denn die Intention war nicht, Erdoğan zu beleidigen, sondern ganz klar zu demonstrieren, welche Freiheiten wir in Deutschland haben und welche nicht. Diese Freiheiten hat Böhmermann, mithilfe seiner Performance, exemplarisch in die Realität übersetzt, was vor allem durch die Löschung des Beitrags aus der Mediathek des ZDF gelungen ist. Darüber hinaus hat er der Politik die Gefahren des Flüchtlings-Deals mit der Türkei vor Augen geführt und Angela Merkel in eine Situation gebracht, in der sie sich mit den realen Konsequenzen auseinandersetzen muss, was in Kapitel 3.3 noch tiefergehend erörtert wird. All dies hatte ganz reale und schwerwiegende Folgen auf die Privatperson Böhmermann, jedoch ist auch dieser persönliche Einfluss auf den Performance-Künstler Teil von Performance-Kunst und nicht zu umgehen.

Es sprechen insgesamt zahlreiche Elemente für eine Einordnung von Jan Böhmermanns Schmähkritik-Inszenierung als Performance-Kunst, womit sie klar als Kunst eingeordnet werden muss und eine Verurteilung Böhmermanns, aufgrund der Aufführung einer Schmähkritik auf den türkischen Präsidenten Recep Tayyip Erdoğan, gegen Art. 5 Abs. 3 GG, also gegen die Kunstfreiheit in Deutschland, verstieße.

3.3 Kunst als Opfer der Politik?

Wie im vorhergehenden Kapitel geschildert, macht Jan Böhmermann die Politik mit seiner Satire zur Performance. Damit zwingt er Angela Merkel, sich klar zu positionieren, was die Meinungs- und Kunstfreiheit in Deutschland auf der einen Seite und den Erhalt der Sympathien Erdoğans zur Sicherung des

Flüchtlingsabkommens mit der Türkei auf der anderen Seite betrifft. Der unter vielen Blickwinkeln als fragwürdig beurteilte Deal der Europäischen Union mit der Türkei bringt Merkel damit auf ganz realer Ebene erneut in die Kritik. Ihr wird vorgeworfen, sich dem türkischen Präsidenten zu beugen und, mit Freigabe der Strafermittlung gegen Jan Böhmermann nach § 103 StGB, unsere Werte und Grundrechte zu opfern. Denn Voraussetzung für eine Strafverfolgung nach § 103 StGB ist nach § 104a StGB, dass die deutsche Regierung die Ermächtigung für ein solches Verfahren erteilt. Es ergibt sich also die zu klärende Angelegenheit, ob Angela Merkels Entscheidung für eine Ermächtigung zur Strafverfolgung aus politischem Kalkül, zur Sicherung des Flüchtlingsabkommens, getroffen wurde, der Entschluss unter Umständen in einer anderen Situation also anders ausgefallen wäre und die Kunst hier somit der Politik zum Opfer fällt.

Fakt ist, dass Angela Merkels Begründung für den Beschluss einer Freigabe zur Strafverfolgung rein rechtlich absolut plausibel und korrekt ist. In einer offiziellen Erklärung betont sie, in einem Rechtsstaat wie Deutschland sei es nicht Aufgabe der Regierung, über die Zulässigkeit einer Satire zu entscheiden, viel mehr liege es im Zuständigkeitsbereich der Justiz, zwischen Kunstfreiheit und Persönlichkeitsrecht abzuwägen. Somit sichere sie mit einer Freigabe der Ermittlungen nur die Gewaltenteilung und nehme keinerlei Vorverurteilung vor, da ihr das als Teil der Exekutive nicht zustehe.[117] Doch allein durch eine Strafverfolgung nach § 185 - die nach der Einreichung der privaten Klage Erdoğans unumgänglich ist - ist, wie bereits erläutert, die Gewaltenteilung in Deutschland gesichert. Ein Verfahren gegen Jan Böhmermann wird, völlig unabhängig von der Kanzlerin, in jedem Fall stattfinden, das gewährleistet die Verfassung. Weshalb das Argument der Kanzlerin, was die Wahrung der Gewaltenteilung betrifft, nicht ganz stichhaltig ist.

Abgesehen von der Stärke ihrer Argumente gibt es trotz dieser im Grunde einwandfreien Einordnung Kritik, nämlich an dem Punkt, wo es über eine rein rechtliche Betrachtung hinausgeht. In ihrer Begründung für die Genehmigung der Ermittlungen nach § 103 StGB betont Merkel weiterführend, sie sei, ganz unabhängig von der getroffenen Entscheidung, schockiert über die Lage der Medien und der

117 Vgl. Anonymus: Erläuterungen zum Fall Böhmermann. So begründen Merkel und Steinmeier ihre Positionen. In: Der Tagesspiegel, 15.04.2016, URL: http://www.tagesspiegel.de/politik/erklaerungen-zum-fall-jan-boehmermann-so-begruenden-merkel-und-steinmeier-ihre-positionen/13454954.html (28.06.2016).

Journalisten in der Türkei und werde diese Missstände weiterhin beobachten und anmahnen, um eine dortige Achtung der Grundrechte zu erreichen.[118]

In Zusammenhang mit diesem Ziel ist die Freigabe der Verhandlungen auf Basis des Paragraphen zur Majestätsbeleidigung eher fragwürdig. Denn die Kanzlerin sendet damit völlig gegensätzliche Signale in die Türkei und macht die Lage für türkische Journalisten nur noch schwieriger. Nach Bekanntgabe der Ermächtigung zur Strafverfolgung Böhmermanns äußert Erdoğan sich zwar nicht persönlich dazu, jedoch wird die Erklärung der Kanzlerin von dessen Anhängern durchaus bestärkend aufgefasst. So twittert ein Erdoğan-Sympathisant, jeder, der über die Pressefreiheit jammert und die Präsidentenbeleidigung in der Türkei legitimieren möchte, solle sich diesen Beschluss Merkels hinter die Ohren schreiben.[119] Statt mit ihrer Entscheidung ein Zeichen für die Kunst-, Presse- und Meinungsfreiheit zu setzen, könnte die Kanzlerin die Situation für Journalisten und Kritiker Erdoğans in der Türkei also noch verschlimmert haben. Denn wenn sogar die Bundeskanzlerin des demokratischen Deutschlands sich auf die Seite von Erdoğan schlägt statt auf die eines Journalisten und Künstlers, provoziert sie in der Türkei ein Echo, was nur negative Konsequenzen für Kritiker des türkischen Präsidenten evozieren kann, womit sie das Gegenteil dessen bewirkt, was sie seit Jahren predigt. Nämlich das Ziel einer konsequenten Achtung der Menschenrechte, allen voran der Meinungsfreiheit, in der Türkei.

Auch wenn, wie Angela Merkel innerhalb ihrer Bekundung selbst betont, der Exekutive und somit der Bundeskanzlerin, keinerlei Werturteil über eine Satire zusteht, hätte Angela Merkel in dieser Situation die Chance gehabt, demonstrativ für die Kunstfreiheit, für die Meinungsfreiheit und für die generelle Einhaltung dieser Grundrechte einzustehen. Denn ihre Begründung ist zwar evident, jedoch wäre eine Argumentation in die andere Richtung rechtlich ebenso einwandfrei gewesen. Merkel hätte sich damit nichts zuschulden kommen lassen und hätte sich gleichzeitig vor die Grundrechte in Deutschland und mithin vor Jan Böhmermann gestellt.

Wie sie selbst einlenkt, ärgert die Kanzlerin sich darüber, Böhmermanns Beitrag als ‚bewusst verletzend' bezeichnet zu haben, da dies den Eindruck erweckt habe,

[118] Vgl. Anonymus: Bundesregierung ermöglicht Verfahren gegen Jan Böhmermann, In: Beck online, 15.04.2016, URL: https://beck-online.beck.de/?vpath=bibdata/reddok/becklink/2003007.htm&pos=10&hlwords= (23.08.2016).

[119] Vgl. Seibert: Satire-Affäre.

ihre persönliche Meinung zu der Schmähkritik-Performance Böhmermanns sei relevant.[120] Hätte Angela Merkel daraufhin das Verfahren nicht freigegeben, hätte sie dieses Zugeständnis bezüglich des Fehlverhaltens ihrerseits nochmals unterstreichen können. Damit wäre unzweideutig vermittelt worden, dass Deutschland geschlossen hinter seinen Künstlern und seinen Grundrechten steht, selbst wenn mit einer Inszenierung ihr persönlicher Geschmack einmal nicht getroffen ist. Ihre subjektive Wertung wäre zurückgestellt, hinter den Beschluss des Eintritts für in Deutschland geltende Werte, womit sie klar und deutlich kommuniziert hätte: Verbote oder Strafverfolgung aufgrund individueller Vorlieben einer einzigen Person, und sei sie noch so mächtig, sind in einer Demokratie wie der deutschen undenkbar. An erster Stelle steht die Wahrung höchster Schutzgüter wie der Kunstfreiheit.

Darüber hinaus wäre es Merkel mithilfe der besagten Entscheidung möglich gewesen, den umstrittenen Deal mit der Türkei für die Bevölkerung ‚tragbarer' zu machen, selbst wenn sie damit Gefahr liefe, Erdoğan zu verärgern. Sie hätte die Möglichkeit gehabt, unmissverständlich zu zeigen, dass sie auch für die Lösung der Flüchtlingsfrage nicht bereit ist, Schutzgüter wie die Kunstfreiheit infrage zu stellen. Stattdessen bringt sie zahlreiche Bürger gegen sich auf, indem sie Böhmermann zur Strafverfolgung freigibt. Im Auftrag des Bericht aus Berlin, einer Sendung der ARD, führte Infratest dimap eine repräsentative Umfrage mit 1.002 Bürgern durch, aus der resultiert, dass 65 Prozent der Befragten das Urteil der Kanzlerin für falsch halten.[121] Auch die Zufriedenheit mit der Arbeit der Kanzlerin insgesamt stagniert nach Bekanntgabe des Entschlusses zur Freigabe des Strafverfahrens rapide. Waren Anfang April, laut einer Befragung im Rahmen des ARD-DeutschlandTREND, noch 56 Prozent der Befragten mit der Arbeit der Kanzlerin zufrieden, so waren es, Infratest dimap zufolge[122], nach Merkels Erklärung nur noch 45 Prozent, also 11 Prozent weniger als noch rund zwei Wochen zuvor.[123] Diese Entwicklung

---

120 Vgl. Anonymus: Böhmermann kritisiert Kanzlerin. "Sie hat mich Erdogan zum Tee serviert". In: tagesschau.de, 03.05.2016, URL: https://www.tagesschau.de/inland/boehmermann-interview-101.html (28.06.2016).

121 Vgl. Anonymus: Böhmermann pausiert auch im Radio. Im April kein "Sanft & Sorgfältig". In: mdr.de, 17.04.2016, URL: http://www.mdr.de/nachrichten/vermischtes/boehmermann-radiopause-100.html (28.06.2016).

122 Infratest dimap führt auch die Umfragen durch, die dem ARD-DeutschlandTrend zugrunde liegen. Die Ergebnisse sind daher gut vergleichbar.

123 Vgl. Anonymus: Erdogan-Satire. Merkels Beliebtheit sinkt nach Böhmermann-Entscheidung. In: ZEIT ONLINE, 17.04.2016, URL: http://www.zeit.de/gesellschaft/2016-04/jan-boehmermann-recep-tayyip-erdogan-satire-umfrage-angela-merkel (28.06.2016).

zeigt ausdrücklich, dass ein Großteil der Bevölkerung sich gewünscht hätte, die Kanzlerin hätte ein Zeichen für die Meinungs- und Kunstfreiheit in Deutschland gesetzt.

Dass es auch auf politischer Seite eine andere Sicht der Dinge geben kann, demonstriert die Haltung anderer Politiker und Parteien, insbesondere die der SPD, die mit dem Entschluss von Kanzlerin Merkel überstimmt wurde.[124]

In einer unmittelbar an die von Angela Merkel anschließenden Darlegung machen Außenminister Frank Walter Steinmeier und Justizminister Heiko Maas explizit, es gebe zwar für beide Entscheidungen gute Gründe, allerdings habe die SPD sich, nach reiflicher Überlegung, unmissverständlich gegen die Ermächtigung der Justiz ausgesprochen und deshalb dagegen gestimmt. In einer so akuten Debatte über schützenswerte Güter wie die Kunst-, Meinungs- und Pressefreiheit, sei es von höchster Priorität, Grenzen im Rahmen von Satire auszuloten und zu diskutieren. Dahingehend müsse die Bundesregierung sich zurückhalten, eine solche satirische Thematisierung von Kunstfreiheit zu bewerten und Grenzen ziehen zu wollen, denn das sei ausschließlich Aufgabe der Justiz. Diese habe nun zu entscheiden, wie sie weiter vorgeht und ob Böhmermann verurteilt wird. Doch eine Strafverfolgung nach § 103 StGB, also aufgrund von ‚Majestätsbeleidigung', sei, unabhängig von einer Diskussion über die Ermächtigung der Justiz, nicht mehr zeitgemäß, weshalb der entsprechende Paragraph hier, gerade im Hinblick auf die geplante Abschaffung, nicht mehr zur Rate gezogen werden sollte.[125]

Auch aus vielen weiteren Parteien gibt es Kritik an dem Entschluss der Kanzlerin. Die Fraktionschefin der Linken, Sahra Wagenknecht, wertet Merkels Beschluss als „unerträglichen Kotau: Merkel kuscht vor türkischem Despoten Recep Tayyip Erdoğan und opfert Pressefreiheit in Deutschland"[126], kritisiert sie offen. Auch die Grünen können den Entschluss Merkels nicht nachvollziehen. Cem Özdemir verurteilt vor allem die Sonderbehandlung des türkischen Präsidenten, hätte ihm doch

---

[124] Vgl. Thomas Vitzthum/ Friedrich Sturm: Umgang mit Erdogan. Merkel lässt Böhmermann für ihren Fehler büßen. In: Die Welt, 15.04.2016, URL: http://www.welt.de/politik/deutschland/article154412485/Merkel-laesst-Boehmermann-fuer-ihren-Fehler-buessen.html (28.06.2016).

[125] Vgl. Anonymus: Erläuterungen zum Fall Böhmermann.

[126] Anonymus: Jan Böhmermann. "Merkel kuscht vor Erdogan". In: ZEIT ONLINE, 15.04.2016, URL: http://www.zeit.de/politik/deutschland/2016-04/jan-boehmermann-recep-tayyip-erdogan-schmaehgedicht-strafverfahren-spd-kritik (28.06.2016).

auch der normale Rechtsweg offen gestanden. Seine Partei-Kollegin Rebecca Harms äußert vor allem Befürchtungen möglicher Folgen für Künstler und Kritiker in der Türkei.[127] Sogar die rechtspopulistische AfD stellt sich in dieser Diskussion auf die Seite der genannten Parteien und moniert Merkels Entscheidung als „politische[n] Kniefall vor Erdogan".[128]

Neben der Bevölkerung, deren Meinung sich unter anderem in den bereits erwähnten Umfragewerten widerspiegelt und zahlreichen Politikern solidarisieren sich auch unzählige Künstler mit Jan Böhmermann. Wenngleich der gemeinsame Solidaritätsaufruf von 69 Künstlern einen Tag vor Merkels Bekanntgabe veröffentlicht wird, machen sie darin deutlich, dass der Paragraph 103 unzeitgemäß ist, Kunst und künstlerische Auslotung von Grenzen nur stattfinden kann, wenn der Künstler keine Angst vor Verurteilung haben muss, weshalb die Diskussion über die Qualität einer Satire in die Feuilletons gehöre, aber nicht in den Gerichtssaal.[129] Nach der Erklärung der Kanzlerin äußern sich zudem über die sozialen Medien einige Künstler schockiert. So twittert beispielsweise der Kabarettist Oliver Kalkofe, er schäme sich für Merkels Rückgratlosigkeit.[130] Auch Böhmermanns Anwalt, Christian Schertz, kritisiert die Entscheidung der Kanzlerin und bezeichnet die Ermächtigung zur Strafverfolgung Böhmermanns als unnötig und falsch.[131]

Es gibt natürlich auch Stimmen für den Beschluss der Kanzlerin. Ihre eigene Partei, die CDU, stellt sich eindeutig hinter den Entschluss von Angela Merkel. Der CDU-Generalsekretär, Peter Tauber, beteuert: „Die Bundesregierung nimmt den Rechtsstaat sehr ernst. Auch wenn es manchmal wehtut".[132] Damit reiht er sich in Merkels Argumentation bezüglich der Gewaltenteilung ein. Außerdem auf Angela Merkels Seite stehen einige Juristen wie der Hamburger Strafrechtler und Rechtsphilosoph Prof. Reinhard Merkel. Er hege keinerlei Sympathien für Erdoğan, dennoch sei er der Meinung, ein kultivierter Umgang müsse innerhalb unserer Gesellschaft

---

[127] Vgl. Ebd.

[128] Ebd.

[129] Vgl. Marco Albrecht u.a.: Liebe Regierung, jetzt mal ruhig bleiben! Ein Solidaritätsaufruf für Jan Böhmermann. In: ZEIT ONLINE, 28.04.2016, URL: http://www.zeit.de/2016/17/jan-boehmermann-regierung-solidaritaet-aufruf (22.08.2016).

[130] Vgl. Anonymus: Jan Böhmermann. Die Reaktionen zu Merkels Entscheidung. In: Gala.de, 15.04.2016, URL: http://www.gala.de/stars/news/starfeed/jan-boehmermann-die-reaktionen-zu-merkels-entscheidung_1427993.html (22.08.2016).

[131] Vgl. Seibert: Satire-Affäre: Böhmermann, Erdogan, Merkel und die Folgen.

[132] Vitzthum/ Sturm: Umgang mit Erdogan.

gewahrt werden, weshalb er froh sei, dass die Bundesregierung dies vorab gesichert hat.[133] Mit jener Meinung steht er nicht allein da, jedoch greift an dieser Stelle erneut die Problematik der gesonderten Betrachtung des Gedichts, welches selbstverständlich diffamierend ist, weil Jan Böhmermann es genau darauf anlegt, um damit ein Exempel zu statuieren. Wäre diese Tatsache allgemein anerkannt, das Gedicht nicht aus dem Kontext gerissen und die Performance somit unmissverständlich dem Bereich der Kunst zugeordnet, wäre die Diskussion obsolet, egal wie verletzend die Performance sein mag. Solange das Gedicht aus dem Zusammenhang gerissen wird, greifen Argumente wie das des Rechtswissenschaftlers allerdings weiterhin.

Die Frage, ob Angela Merkel Böhmermanns Performance aus politischem Kalkül zur Strafverfolgung freigegeben hat, um Erdoğan nicht zu verärgern und den Flüchtlingsdeal nicht zu gefährden, ist natürlich nicht eindeutig zu beantworten, da reines politisches Kalkül nicht existiert, sondern immer noch andere Umstände auf einen solchen Entschluss einwirken. Es ist beispielsweise nicht abwegig, dass die Pfarrerstochter Angela Merkel das Schmähgedicht tatsächlich unmöglich und verletzend fand und das ihren Beschluss beeinflusst hat. In erster Linie ist sie jedoch Bundeskanzlerin und es ist ihre Aufgabe, für Schutzgüter wie die Kunstfreiheit offen einzustehen und einen türkischen Machthaber, der Journalisten, die ihn kritisieren, einsperren lässt, klar und deutlich in die Schranken zu weisen, statt der Welt ihren persönlichen Geschmack von Kunst zu vermitteln. Was den Beschluss der Kanzlerin des Weiteren in ein Licht stellt, das deutlich macht, dass eine gewisse Berechnung im Hinblick auf den Türkei-Deal nicht von der Hand zu weisen ist, ist ihre Inkonsequenz bezüglich des § 103 StGB. Wenn Merkel tatsächlich der Meinung ist, dass der Paragraph zur Majestätsbeleidigung in einer Demokratie wie Deutschland nicht mehr zeitgemäß ist und daher bis 2018 abgeschafft werden soll, so wäre es nur logisch und in keiner Weise zu beanstanden gewesen, hätte sie die Ermächtigung zur Strafverfolgung Böhmermanns mit dieser Begründung abgelehnt. Denn wie erwähnt ist die Gewaltenteilung und die Strafverfolgung Böhmermanns durch § 185 StGB bereits gewährleistet. Dieser Punkt spricht ebenfalls dafür, dass Merkels Beweggründe zu einem nicht unwesentlichen Anteil strategischer Natur sind und somit auf die erfolgreiche Umsetzung des Flüchtlingsdeals mit der Türkei abzielen. Denn wie vorgehend analysiert, sind ihre Argumente zwar nachvollziehbar,

---

133 Vgl. Ulrich Kühn: Fall Böhmermann: „Satire darf nicht alles“. In: NDR.de, 11.04.2016, URL: http://www.ndr.de/kultur/Satire-darf-nicht-alles,journal320.html (28.06.2016).

jedoch leicht zu widerlegen, während es auf der anderen Seite mehr Punkte gibt, die dafür sprechen, dass politisches Kalkül einen gewissen Beitrag zu dem Entschluss der Kanzlerin geleistet hat.

Merkels Entscheidung ist getroffen, das ist nicht mehr rückgängig zu machen. Unstrittig wird die Kunst hier in mancher Hinsicht zum Opfer der Politik, auch wenn man nur darüber spekulieren kann, ob die Einstellung der Kanzlerin unter anderen Umständen eine andere gewesen wäre. Der Aufschrei zahlreicher Politiker, Künstler und Bürger impliziert, dass sie hier einen Schritt zu weit gegangen ist, die Grundrechte für das Empfinden vieler Bundesbürger nicht vehement genug verteidigt hat. Auch Jan Böhmermann zeigt sich in seinem Interview mit der ZEIT schockiert, denn es sei seine Aufgabe als Künstler, Debatten anzustoßen und auf Problematiken innerhalb der Gesellschaft aufmerksam zu machen, was er mit seiner Performance getan habe. Er habe geglaubt, die Politik sei diesbezüglich schützend an seiner Seite und dass sie das offensichtlich nicht ist, nehme ihm den Glauben an das System, in dem wir leben. Die ganze Affäre um Jan Böhmermann zeigt aber auch etwas anderes, etwas Positives, was er auch selbst erkennt. In einer Situation, in der die Deutschen für elementare Güter wie die der Kunst- und Meinungsfreiheit kämpfen müssen, stehen sie zusammen, in der Einigkeit, dass man eine Einschränkung dieser Rechte vonseiten der Regierung nicht zulassen darf. Auch diese Menschen sind Teil des Systems, was Böhmermann in seinem Tun bestärkt. [134]

Was Satire darf und was nicht, ist schwer zu beantworten. Tucholsky sagt, alles, Maximilian Häusler weist auf das moralische Moment der Satire hin, wobei Martin Sonneborn betont, um Wirkung zu provozieren, dürfe die moralische Grenze überschritten werden. Ungeachtet all der verschiedenen Antworten und Ansichten darüber, was Satire darf, ist dies eine Frage, die in einer Demokratie, in der die Gewaltenteilung elementar ist, nicht von der Bundeskanzlerin, nicht von der Politik beantwortet werden sollte. Wo die Kanzlerin Angela Merkel sich, obgleich der Betonung, mit der Freigabe der Strafverfolgung sei kein Urteil getroffen, dermaßen kritisch gegen eine Satire ausspricht, ist der Punkt, an dem zahlreiche Bundesbürger ihr Vorgehen, in einer schwierigen Situation innerhalb der Flüchtlingskrise, als Opferung der Kunst zugunsten der Politik empfinden, erreicht. Ganz unabhängig davon, ob Merkels Entscheidung rein rechtlich einwandfrei war. So ist es wohl nicht verwunderlich, wenn Jan Böhmermann zynisch äußert:

---

134 Vgl. Kalle/ Uslar/ Böhmermann: „Ich bin gespannt, wer zuletzt lacht".

> Wer ist dieser Tucholsky eigentlich, von dem alle immer reden? [...] Was erlaubt der sich eigentlich, sagen zu dürfen, was Satire darf und was nicht? Was Satire darf, entscheidet nicht irgendein dahergelaufener magenkranker Osteuropäer! Was Satire darf und was nicht – das ist nach der ganzen Nummer hier wohl klar –, entscheidet immer noch die Bundeskanzlerin persönlich.[135]

[135] Ebd.

4 Fazit – Performance-Kunst mit tiefgreifenden Folgen

Die Ergebnisse der Analyse innerhalb dieser Arbeit heben hervor, dass Jan Böhmermanns Schmähkritik-Inszenierung in ihrer Gänze klar dem Bereich der Performance-Kunst zuzuordnen ist. Sie zeigen jedoch auf der anderen Seite auch, dass Schwierigkeiten in der Deutung und der rechtlichen Einordnung dort bestehen, wo Teile der Aufführung aus dem Kontext gerissen und nicht mehr in ihrer Gesamtheit bewertet werden. Es konnte bewiesen werden, dass, unter anderem mit der Entscheidung des Landgerichts Hamburg, eine solche Deutung außerhalb des Kontextes vorgenommen wird und diese einen nicht unwesentlichen Anteil an der regen Diskussion um Jan Böhmermanns Performance ausmacht. Denn wo auf Grundlage unterschiedlicher Tatsachen diskutiert wird, kann keine einheitliche Bewertung getroffen werden. Mit für die Problematik der richtigen Einordnung verantwortlich sind Globalisierung und Digitalisierung und der bedingt dadurch fehlende Rahmen, in dem die Performance präsentiert wird. Diese uneingeschränkte Ausbreitung von Performance bietet jedoch auf der anderen Seite die Möglichkeit, damit nicht nur die Realität kleiner Gruppen zu verändern, sondern mitunter weltweites Aufsehen zu erregen, Politik und Recht zur Performance zu machen und damit in beiden Sphären Diskussionen anzuregen und etwas zu bewirken. Es findet also klar erkennbar eine künstlerische Intervention vonseiten Böhmermanns statt. Er demonstriert durch seine Schmähkritik-Performance in gewisser Hinsicht eine neue Art von Performance, in der Sprache diplomatisch-ökonomische Konstruktionen der Politik auf die Probe stellt, die Grenzen von Kunst- und Meinungsfreiheit in den Fokus einer länderübergreifenden Diskussion setzt, damit neue Grenzen auslotet und darüber hinaus sogar eine Veränderung der Gesetzgebung bewirkt.

Auf rechtlicher Ebene wird sich in einem zukünftigen und abschließenden Urteil zeigen, ob die Kunstfreiheit lückenlos gewährleistet wird und der künstlerische Rahmen das Schmähgedicht legitimiert oder ob die Justiz Einschränkungen beschließt, was die Kunstfreiheit angeht, indem sie die Inhaltsebene, auf der Präsident Erdoğan beleidigt wird, in den Vordergrund stellt.

Des Weiteren wurde festgestellt, dass Angela Merkels Beschluss für die Ermächtigung zur Strafverfolgung Jan Böhmermanns nach § 103 StGB mit ihrem sonstigen Engagement, was die Wahrung der Grundrechte angeht, nicht gänzlich zu vereinbaren ist, was dafür spricht, dass die Entscheidung zu einem gewissen Teil auch getroffen wurde, um sich die Sympathien Erdoğans zu sichern und damit den Flüchtlingsdeal mit der Türkei nicht zu gefährden. Was dieser Entschluss für türkische Journalisten und Kritiker für Auswirkungen hat, kann im Anschluss an diese

Arbeit weiterführend erforscht werden. Denn an dieser Stelle stellt sich die Frage, ob man durch entsprechende Zeichen aus anderen Regierungen und eventuelle Sanktionen für die Türkei tatsächlich etwas für die dortige Bevölkerung verbessern könnte, was die Sicherung der Meinungsfreiheit angeht.

In Deutschland jedoch hat sich Angela Merkel allein durch die Vermutung, ihre Entscheidung könne etwas mit der Umsetzung des Flüchtlings-Deals mit der Türkei zu tun haben, in die Kritik gebracht, statt durch einen gegenteiligen Beschluss deutlich zu machen, dass sie auch zur Klärung der Flüchtlingsfrage nicht bereit ist, Grundrechte infrage zu stellen. Die zahlreichen Gegenstimmen aus verschiedensten Teilen der Bevölkerung und die Umfragewerte zeigen, dass Jan Böhmermann mit seiner Performance eine Problematik thematisiert und angesprochen hat, die relevant ist und die Menschen beschäftigt. Für den Schutz von Kunst-, Meinungs- und Pressefreiheit stehen die Menschen zusammen und zeigen, dass sie es nicht dulden, dass diese Werte für ein Flüchtlingsabkommen mit der Türkei verraten oder eingeschränkt werden, selbst wenn dem nur eine Vermutung oder ein persönliches Empfinden zugrunde liegt. Das haben die Reaktionen der Menschen demonstriert. Ob man Jan Böhmermanns Performance nun persönlich gelungen findet oder nicht, die Botschaft und die Wirkung sind das, was ausschlaggebend ist. Sie spiegeln wider, was Jan Böhmermann mit seiner Satire von Anfang an bezweckt hat. Durch die Diskussion darüber, ist sich ganz Deutschland wieder bewusst geworden, wie essentiell die Grundrechte der Meinungs-Kunst und Pressefreiheit für uns sind. Und das sollte, unabhängig davon, ob durch die Entscheidung der Kanzlerin Kunst zum Opfer der Politik wird, auch Angela Merkel erneut klar geworden sein. In diesem Sinne ist die Schmähkritik-Performance von Jan Böhmermann in jeglicher Hinsicht geglückt.

Literaturverzeichnis

Albrecht, Marco u.a.: Liebe Regierung, jetzt mal ruhig bleiben! Ein Solidaritätsaufruf für Jan Böhmermann. In: ZEIT ONLINE, 28.04.2016, URL: http://www.zeit.de/2016/17/jan-boehmermann-regierung-solidaritaet-aufruf (22.08.2016).

Alexander, Robin: Wie Berlin vor dem türkischen Präsidenten buckelt. In: Die Welt, 06.04.2016, URL: http://www.welt.de/debatte/kolumnen/platz-der-republik/article154068799/Wie-Berlin-vor-dem-tuerkischen-Praesidenten-buckelt.html (07.07.2016).

Anonymus: Böhmermann kritisiert Kanzlerin. "Sie hat mich Erdogan zum Tee serviert". In: tagesschau.de, 03.05.2016, URL: https://www.tagesschau.de/inland/boehmermann-interview-101.html (28.06.2016).

Anonymus: Böhmermann lässt in Erdogan-Affäre Frist für Unterlassungserklärung verstreichen. ZDF hält umstrittenes Schmähgedicht für "rechtlich zulässig". In: Die Welt, 14.04.2016, URL: http://www.welt.de/newsticker/news1/article154345496/Boehmermann-laesst-in-Erdogan-Affaere-Frist-fuer-Unterlassungserklaerung-verstreichen.html (30.07.2016).

Anonymus: Böhmermann pausiert auch im Radio. Im April kein "Sanft & Sorgfältig". In: mdr.de, 17.04.2016, URL: http://www.mdr.de/nachrichten/vermischtes/boehmermann-radiopause-100.html (28.06.2016).

Anonymus: Bundesregierung ermöglicht Verfahren gegen Jan Böhmermann, In: Beck online, 15.04.2016, URL: https://beck-online.beck.de/?vpath=bibdata/reddok/becklink/2003007.htm&pos=10&hlwords= (23.08.2016).

Anonymus: Erdogan-Satire: Botschafter betont Pressefreiheit. In: NDR.de, 29.03.2016, URL: http://www.ndr.de/nachrichten/Erdogan-Satire-Botschafter-betont-Pressefreiheit,erdogan182.html (29.07.2016).

Anonymus: Erdogan-Satire. Merkels Beliebtheit sinkt nach Böhmermann-Entscheidung. In: ZEIT ONLINE, 17.04.2016, URL: http://www.zeit.de/gesellschaft/2016-04/jan-boehmermann-recep-tayyip-erdogan-satire-umfrage-angela-merkel (28.06.2016).

Anonymus: Erdogan gegen Böhmermann. „Strafverlangen“ und Strafantrag“. In: tagesschau.de, 12.04.2016, URL: www.tagesschau.de/inland/boehmermann-juristisch-103.html (31.05.2016).

Anonymus: Erläuterungen zum Fall Böhmermann. So begründen Merkel und Steinmeier ihre Positionen. In: Der Tagesspiegel, 15.04.2016, URL: http://www.tagesspiegel.de/politik/erklaerungen-zum-fall-jan-boehmermann-so-begruenden-merkel-und-steinmeier-ihre-positionen/13454954.html (28.06.2016).

Anonymus: Extra 3 kürt Erdogan zum „Mitarbeiter des Monats". In: NDR.de, 29.03.2016, URL: http://www.ndr.de/fernsehen/sendungen/zapp/Mitarbeiter-des-Monats-Recep-Tayyip-Erdogan,erdogan188.html (29.07.2016).

Anonymus: Fall Böhmermann: Der „Schweinefurz" war zu viel. In: SZ.de, 16.06.2016, URL: http://www.sueddeutsche.de/medien/kunstfreiheit-fall-boehmermann-der-schweinefurz-war-zu-viel-1.3036862 (19.07.2016).

Anonymus: Gedicht über Erdogan: Merkel räumt Fehler in Böhmermann-Affäre ein. In: Spiegel online, 22.04.2016, URL: http://www.spiegel.de/politik/deutschland/jan-boehmermann-angela-merkel-raeumt-fehler-ein-a-1088861.html (31.07.2016).

Anonymus: Grimme-Preis in Marl. Böhmermann sagt Auftritt bei Verleihung ab. In: tagesschau.de, 08.04.2016, URL: https://www.tagesschau.de/inland/boehmermann-merkel-109.html (30.07.2016).

Anonymus: Jan Böhmermann. "Merkel kuscht vor Erdogan". In: ZEIT ONLINE, 15.04.2016, URL: http://www.zeit.de/politik/deutschland/2016-04/jan-boehmermann-recep-tayyip-erdogan-schmaehgedicht-strafverfahren-spd-kritik (28.06.2016).

Vgl. Anonymus: LG Hamburg verbietet Teile des Böhmermann-Gedichts. In: Beck online, 18.05.2016, URL: https://beck-online.beck.de/Treffer/34/Dokment?vpath=bibdata%2Freddok%2Fbeck-link%2F2003321.htm&hlwords=on (22.08.2016).

Anonymus: Nach EU-Türkei-Deal. Viel Lob für Merkel. In: Handelsblatt.com, 19.03.2016, URL: http://www.handelsblatt.com/politik/international/nach-eu-tuerkei-deal-viel-lob-fuer-merkel-/v_detail_tab_print/13343610.html (07.07.2016).

Anonymus: Nach Merkels Ermächtigung: Böhmermann kündigt Fernsehpause an. In: Der Tagesspiegel, 16.04.2016, URL: http://www.tagesspiegel.de/medien/nach-merkels-ermaechtigung-boehmermann-kuendigt-fernsehpause-an/13457340.html (31.07.2016).

Anonymus: „Neo Magazin Royale“: ZDF löscht Böhmermann-Gedicht auf Erdogan. In: Spiegel Online, 01.04.2016, URL: http://www.spiegel.de/kultur/tv/zdf-zensiert-boehmermann-schmaehgedicht-auf-erdogan-a-1085087.html (29.07.2016).

Anonymus: Reaktion auf Streit um Erdoğan-Gedicht. Böhmermann steht unter Polizeischutz - und sagt Sendung ab. In: SZ.de, 12.04.2016, URL: http://www.sueddeutsche.de/medien/reaktion-auf-streit-um-erdoan-gedicht-boehmermann-steht-unter-polizeischutz-und-sagt-sendung-ab-1.2946578 (30.07.2016).

Anonymus: Satire-Streit: Merkel nennt Böhmermanns Erdogan-Gedicht „bewusst verletzend“. In: SZ.de, 04.04.2016, URL: http://www.sueddeutsche.de/politik/satire-streit-merkel-nennt-boehmermanns-erdoan-gedicht-bewusst-verletzend-1.2933877 (30.07.2016).

Anonymus: Schmähgedicht gegen Erdogan: Ermittlungen gegen Böhmermann – Anzeigen gegen ZDF. In: tagessschau.de, 07.04.2016, URL: https://www.tagesschau.de/inland/boehmermann-merkel-107.html (30.07.2016).

Anonymus: Türkischer Prozess gegen NDR-Satire: Erdogan poltert, Berlin schweigt. In: tagesschau.de, 29.03.2016, URL: https://www.tagesschau.de/ausland/erdogan-satire-103.html (29.07.2016).

Anonymus: Verbalnote an Bundesregierung: Türkei verlangt Strafprozess gegen Böhmermann. In: Deutschlandfunk, 10.04.2016, URL: http://www.deutschlandfunk.de/verbalnote-an-bundesregierung-tuerkei-verlangt-strafprozess.1818.de.html?dram:article_id=350871 (30.07.2016).

Austin, John Langshaw: Performative und konstatierende Äußerungen (1958). In: Ludger Hoffmann (Hrsg.): Sprachwissenschaft. Ein Reader. Berlin/New York 1996, S. 132-142.

Böhmermann, Jan: Ich fühle mich erschüttert [...]. In: Facebook, 08.04.2016 (4:32 Uhr), URL: https://www.facebook.com/jboehmermann/posts/1168220633210458 (22.08.2016).

Böhmermann, Jan: Liebe Fans des Neo Magazin Royale [...]. In: Facebook, 16.04.2016 (13:39 Uhr), URL: https://www.facebook.com/jboehmermann/posts/1174196975946157 (22.08.2016).

Böhmermann, Jan (@janboehm): Schon gelesen [...]. In: Twitter, 29.03.2016 (5:50 Uhr), URL: https://twitter.com/janboehm/status/714796750347833347?lang=de (22.08.2016).

Bölke Dorothee: Kritik an Macht ist schutzbedürftig – Wann wird Kritik zur Schmähung? In: Beck online, Datum nicht ermittelbar, URL: https://beck-online.beck.de/default.aspx?printmanager=print&VPATH=bibdata%2Fzeits%2Fnjw%2F2004%2Fcont%2Fnjw.2004.2352.1.htm&mode=CurrentDo (22.08.2016).

Brauneck, Anja: Kritische Anmerkungen zu konventionellen gerichtlichen Prüfungsmethodik bei satirischen Darstellungen. In: Beck online, Datum nicht ermittelbar, URL: https://beck-online.beck.de/default.aspx?printmanager=print&VPATH=bibdata/zeits/zum/2004/cont/zum.2004.887.1.htm&mode=CurrentD (22.07.2016).

Ehrich, Issio: Merkels Befreiungsschlag. Der Türkei-Deal ist das geringere Übel. In: n-tv.de, 17.03.2016, URL: http://www.n-tv.de/politik/politik_kommentare/Der-Tuerkei-Deal-ist-das-geringere-Uebel-article17243476.html (07.07.2016).

Europäischer Rat: Schlussfolgerungen des Europäischen Rates vom 17./18. März 2016. In: Consilium.europa.eu, 18.03.2016, URL: http://www.consilium.europa.eu/de/press/press-releases/2016/03/18-european-council-conclusions/ (07.07.2016).

European Commission: Fact Sheet. EU-Turkey Agreement: Questions and Answers. Brüssel 2016.

extra 3: Song: Erdowie, Erdowo, Erdogan | extra 3 | NDR. In: Youtube, 17.03.2016, URL: https://www.youtube.com/watch?v=R2e2yHjc_mc (17.08.2016).

Fischer-Lichte, Erika: Ästhetik des Performativen. Frankfurt am Main 2004.

Friedrich, Jesko: Was darf Satire? Drittes Reich und Holocaust in der Satire. In: NDR.de, Datum nicht ermittelbar, URL: http://www.ndr.de/fernsehen/sendungen/extra_3/wir_ueber_uns/wasdarfsatire100_page-2.html (29.06.2016).

Gärtner, Sebastian: Was die Satire darf. Eine Gesamtbetrachtung zu den rechtlichen Grenzen einer Kunstform [Schriften zum Öffentlichen Recht Band 1119]. Berlin 2009.

Gounalakis, Georgios: Freiräume und Grenzen politischer Karikatur und Satire. In: Beck online, Datum nicht ermittelbar, URL: https://beck-online.beck.de/default.aspx?printmanager=print&VPATH=bibdata%2Fzeits%2Fnjw%2F1995%2Fcont%2Fnjw.1995.809.1.htm&mode=CurrentDo (22.07.2016).

Häusler, Maximilian: Die Ethik des satirischen Schreibens: Karl Kraus, Hermann Broch und Robert Musil [Beiträge zur neueren Literaturgeschichte Folge 3]. Heidelberg 2015.

Hedde, Jan: Serie „Das Wort". Das ist Satire. In: Spiegel Online, 01.05.2016, URL: http://www.spiegel.de/kultur/gesellschaft/satire-was-bedeutet-das-wort-eigentlich-a-1089422-druck.html (29.06.2016).

Kalle, Matthias / Uslar, Moritz von / Böhmermann, Jan: Jan Böhmermann. „Ich bin gespannt, wer zuletzt lacht". In: ZEIT ONLINE, 04.05.2016, URL: http://www.zeit.de/2016/20/jan-boehmermann-interview-schmaehkritik/komplettansicht (31.07.2016).

Kühn, Ulrich: Fall Böhmermann: „Satire darf nicht alles". In: NDR.de, 11.04.2016, URL: http://www.ndr.de/kultur/Satire-darf-nicht-alles,journal320.html (28.06.2016).

Kümmel, Peter: Jan Böhmermann. Der Hofnarr. In: ZEIT ONLINE, 28.04.2016, URL: http://www.zeit.de/2016/17/jan-boehmermann-angela-merkel-kritik-satire (19.07.2016).

Monrath, Hans/ Klages, Robert: Böhmermanns Erdogan-Gedicht. Staatsanwaltschaft ermittelt auch gegen ZDF-Verantwortliche. In: Der Tagesspiegel, 07.04.2016, URL: http://www.tagesspiegel.de/politik/boehmermanns-erdogan-gedicht-staatsanwaltschaft-ermittelt-auch-gegen-zdf-verantwortliche/13407794.html (30.07.2016).

Müller, Peter/ Pauly, Christoph: Schulden und Flüchtlinge: Griechenlands doppelte Krise. In: Spiegel Online, 27.02.2016, URL: http://www.spiegel.de/wirtschaft/soziales/griechenland-schon-im-maerz-2016-pleite-a-1079485.html (11.07.2016).

Müller, Reinhard: Böhmermanns Schmähgedicht. Satire ist frei, aber kein Freibrief. In: FAZ.net, 11.04.2016, URL: http://www.faz.net/aktuell/politik/was-darf-satire-und-wo-sind-die-grenzen-14172975.html (29.06.2016).

Neo Magazin Royale: Die Produktionsfirma [...]. In: Facebook, 12.04.2016 (15:29 Uhr), URL: https://www.facebook.com/neomagazinroyale/posts/804745409655965 (22.08.2016).

Nordmagazin: Böhmermann-Anwalt reicht Schutzschrift ein. In: NDR.de, 19.04.2016, URL: http://www.ndr.de/fernsehen/sendungen/nordmagazin/

Boehmermann-Anwalt-reicht-Schutzschrift-ein,nordmagazin35262.html (23.08.2016).

Peitz, Christiane: Böhmermann, Satire und deutsche Richter. Ist das nun Kunst oder strafbar? In: Der Tagesspiegel, 13.04.2016, URL: http://www.tagesspiegel.de/kultur/boehmermann-satire-und-deutsche-richter-ist-das-nun-kunst-oder-strafbar/13437766.html (19.07.2016).

Pörksen, Bernhard: Analyse der Kritik an Jan Böhmermann: Was zählt: Der Rahmen oder das Bild? In: Der Tagesspiegel, 14.04.2016, URL: http://www.tagesspiegel.de/medien/analyse-der-kritik-an-jan-boehmermann-was-zaehlt-der-rahmen-oder-das-bild/13450172.html (19.07.2016).

Pörksen, Bernhard: Die gehetzte Politik: die neue Macht der Medien und Märkte. Köln 2013.

Reimann, Anna: Endlich Verständlich: Fakten zur Flüchtlingskrise. In: Spiegel Online, 10.05.2016, URL: http://www.spiegel.de/politik/deutschland/fluechtlinge-und-einwanderer-die-wichtigsten-fakten-a-1030320.html#sponfakt=1 (11.07.2016).

Seibert, Thomas: Satire-Affäre: Böhmermann, Erdogan, Merkel und die Folgen. In: Der Tagesspiegel, 16.04.2016, URL: http://www.tagesspiegel.de/politik/satire-affaere-boehmermann-erdogan-merkel-und-die-folgen/13455884.html (28.06.2016).

Sonneborn, Martin: Tabu-Schmelze. In: Bernhard Pörksen/ Wolfgang Krischke (Hrsg.): Die gehetzte Politik: die neue Macht der Medien und Märkte. Köln 2013, S. 306-315.

Tucholsky, Kurt: 16 Satiren – Kapitel 12. In: Projekt Gutenberg/ Spiegel Online, URL: http://gutenberg.spiegel.de/buch/16-satiren-7810/12 (22.08.2016). Erstmals erschienen als: Ignaz Wrobel: Was darf Satire? In: Berliner Tageblatt 36, 27.01.1919.

Vitzthum, Thomas/ Sturm, Friedrich: Umgang mit Erdogan. Merkel lässt Böhmermann für ihren Fehlern büßen. In: Die Welt, 15.04.2016, URL: http://www.welt.de/politik/deutschland/article154412485/Merkel-laesst-Boehmermann-fuer-ihren-Fehler-buessen.html (28.06.2016).

Weimer, Wolfram: Erdoğan erpresst Europa. In: n-tv.de, 08.03.2016, URL: http://www.n-tv.de/politik/politik_person_der_woche/Erdogan-erpresst-Europa-article17168726.html (12.07.2016).

Weisbrod, Lars: Satire. Das System Böhmermann. In: ZEIT ONLINE, 21.04.2016, URL: http://www.zeit.de/2016/16/satire-jan-boehmermann-fernsehen (02.08.2016).

Werner, Florian / Brink, Nina: Tradition der Schmähkritik. Luther, Shakespeare, Böhmermann. In: Deutschlandradio Kultur, 14.04.2016, URL: http://www.deutschlandradiokultur.de/tradition-der-schmaehkritik-luther-shakespeare-boehmermann.1008.de.html?dram:article_id=351249 (28.06.2016).

ZDFneo: +++INFORMATION+++ [...]. In: Facebook, 01.04.2016 (7:05 Uhr), URL: https://www.facebook.com/ZDFneo/posts/10154183949654636 (22.08.2016).

Zoidberg, Bernd: NEO MAGAZIN ROYALE vom 31.03.2016 (UNCUT). In: Vimeo, 01.04.2016, URL: https://vimeo.com/161209329 (17.08.2016), zit. nach Neo Magazin Royale, D 2016, Erstausstrahlung: 31.03.2016.

Anlagen

Anlage 1: Verschriftlichte Version der Schmähkritik-Performance von Jan Böhmermann

Aus dem Neo Magazin Royale, D 2016, Erstausstrahlung: 31.03.2016.

Jan Böhmermann: Meine Damen und Herren, willkommen in Deutschlands Quatschsendung Nummer eins! Wir sinds. Wir haben mit Satire nichts am Hut.

Ralf Kabelka: Überhaupt nicht!

Böhmermann: Was die Kollegen in Hamburg bei Extra 3 da gemacht haben, diese dicken Bretter, die können wir hier, sind wir nicht imstande zu bohren.

Kabelka: Schaffen wir nicht!

Böhmermann: Und ich sage: Hut ab! Große Nummer!

Kabelka: Das ist eine ganz andere Liga. Auch die "heute-show", wie gut die ist!

Böhmermann: Die "heute-show", die finde ich richtig gut. Und es ist nicht, wenn ich in der Vergangenheit irgendwie gerüchteweise gehört habe, dass wir hier scharf auf den Sendeplatz sind von der "heute-show", oder auf irgendwas, das Oli Welke gehört: Das würde ich niemals sagen, das stimmt nicht, auf gar keinen Fall. Oli! (Kusshand) Liebe Grüße! Riesenfan! Schau ich jede Woche, um äh... um mich inspirieren zu lassen.

Und Satire: Extra 3 hat in dieser Woche fast den dritten Weltkrieg ausgelöst - dafür erst mal einen großen Applaus! Ja! Mit 'ner Supernummer. Und das muss man vielleicht mal ... Offensichtlich schaut man in der Türkei jede noch so kleine Satire- oder Quatschsendung, also wahrscheinlich auch diese. Vielleicht, liebe Türken, wenn Sie das jetzt - hülü (winkt) - wenn Sie das jetzt sehen: Vielleicht müssen wir ihnen da ganz kurz was erklären: Was die Kollegen von Extra 3 gemacht haben, also inhaltlich humorvoll mit dem umgegangen sind, was Sie da quasi politisch unten tun, Herr Erdoğan - das ist in Deutschland, in Europa gedeckt von der Kunstfreiheit, von der Pressefreiheit, von der Meinungsfreiheit ...

Kabelka: Artikel 5!

Böhmermann: Was?

Kabelka: Artikel 5, Grundgesetz.

Böhmermann: Artikel 5 unseres Grundgesetzes, unserer tollen Verfassung: Das darf man hier. Das ist, da können Sie nicht einfach sagen, die Bundesregierung soll die Satire zurückziehen oder das muss irgendwie gelöscht werden aus dem Internet. Das ist, in Deutschland ist so was erlaubt, und ich finde es ganz toll, wie in dieser Woche die Zivilgesellschaft aufgestanden ist - von Beatrix von Storch, die noch vor zwei Wochen, glaub ich, mich erschießen lassen wollte, wegen dieses komischen, dieses komischen äh Songs, den wir gemacht haben. Und jetzt ist sie auf einmal ganz vorne dabei, wenn es um Pressefreiheit und Kunstfreiheit geht. Alle Leute waren auf einmal auf einer Linie: Das ist, das muss man, das muss zugelassen werden! Je suis Extra 3!

Kabelka: Sehr gut.

Böhmermann: Herr Erdoğan, es gibt aber, es gibt natürlich, es gibt Fälle, wo man auch in Deutschland, in Mitteleuropa Sachen macht, die nicht erlaubt sind. Also: Es gibt Kunstfreiheit – das eine ist Satire und Kunst und Spaß - das ist erlaubt. Und es gibt das andere, wie heißt es?

Kabelka: Schmähkritik.

Böhmermann: Schmähkritik. Das ist ein juristischer Ausdruck, also: Was ist Schmähkritik?

Kabelka: Wenn du Leute diffamierst. Wenn du einfach nur so untenrum argumentierst, ne? Wenn du die beschimpfst und wirklich nur bei privaten Sachen, die die irgendwie ausmachen, herabsetzt.

Böhmermann: Herabwürdigen, das ist Schmähkritik und das ist in Deutschland auch, das ist auch nicht nicht erlaubt?

Kabelka: Das ist Schmähkritik, ja.

Böhmermann: Haben Sie das verstanden, Herr Erdoğan?

Kabelka: Das kann bestraft werden.

Böhmermann: Das kann bestraft werden? Und dann können auch Sachen gelöscht werden - aber erst hinterher, nicht vorher, das muss man...

Kabelka: Ja, erst hinterher.

Böhmermann: Das ist vielleicht ein bisschen kompliziert - vielleicht erklären wir es an einem praktischen Beispiel mal ganz kurz.

Kabelka: Ja, mach doch mal.

Böhmermann: Ich hab ein Gedicht, ja ein Gedicht, das heißt "Schmähkritik". Können wir vielleicht dazu sone türkisch angehauchte Version von einem Nena-Song hören? Und können wir vielleicht ganz kurz nur die türkische Flagge im Hintergrund bei mir? Sehr gut.

Also, das Gedicht. Das, was jetzt kommt, das darf man nicht machen?

Kabelka: Darf man NICHT machen.

Böhmermann: Wenn das öffentlich aufgeführt wird, das wäre in Deutschland verboten.

Kabelka: Bin der Auffassung: das nicht.

Böhmermann: Okay. Das Gedicht heißt "Schmähkritik".

Sackdoof, feige und verklemmt,
ist Erdoğan, *der Präsident.*
[136]
Er ist der Mann, der Mädchen schlägt
und dabei Gummimasken trägt.
[136]
und Minderheiten unterdrücken,

Böhmermann: Das, das ist, das wäre jetzt quasi 'ne Sache, die ...

Kabelka: Nee!

Kurden treten, Christen hauen
[136]

Böhmermann: Jeden... jeden...(lacht über eine Keyboard-Arabeske der Band) Wie gesagt, das ist 'ne Sache, da muss man ...

---

[136] Aufgrund des Beschlusses des LG Hamburg vom 17. Mai 2016 (Az: 324 O 255/16) wurden diese Textstellen entfernt. https://dejure.org/ext/b8bab6d8ce6ff501176dad4ea376b5b8 Weitere Informationen finden Sie unter: https://dejure.org/dienste/vernetzung/rechtsprechung?Text=324%20O%20402/16

Kabelka: Das darf man NICHT machen.

Böhmermann: Das darf man nicht machen.

Kabelka: Nicht "Präsident" sagen.

[137]

Böhmermann: Und das darf man, also das dürfte man jetzt in Deutschland ...

Kabelka: Unter aller Kajüte!

Publikum applaudiert

Böhmermann: Ganz kurz. Hey! Hey! Hey!

Kabelka (wütend): Nicht klatschen!

Böhmermann: Dankeschön. Also, das ist jetzt 'ne Geschichte, wenn da, was könnte da jetzt passieren?

Kabelka: Unter Umständen nimmt man uns aus der Mediathek! Also das kann jetzt rausgeschnitten werden, ja?!

Böhmermann: Also, wenn jetzt quasi die Türkei oder ihr Präsident da was dagegen hätte, müsste er sich in Deutschland erst mal 'nen Anwalt suchen.

Kabelka: Ja, genau.

Böhmermann (blickt in die Kamera): Ich kann Ihnen sehr empfehlen unseren Scherzanwalt, Dr. Christian Witz in Berlin, ist ein ganz Toller.

---

137 Aufgrund des Beschlusses des LG Hamburg vom 17. Mai 2016 (Az: 324 O 255/16) wurden diese Textstellen entfernt. https://dejure.org/ext/b8bab6d8ce6ff501176dad4ea376b5b8 Weitere Informationen finden Sie unter: https://dejure.org/dienste/vernetzung/rechtsprechung?Text=324%20O%20402/16

Kabelka: Der berät auch den Berliner Bürgermeister.

Böhmermann: Der berät auch den Berliner Bürgermeister, unser Scherzanwalt Dr. Christian Witz?

Kabelka: Ja, der macht einfach alles.

Böhmermann: Darf der das denn eigentlich?

Kabelka: Der macht Atze, Pocher und den Berliner Bürgermeister

Böhmermann: Unser Scherzanwalt Dr. Christian Witz! Nehmen Sie sich 'nen Anwalt, sagen Sie erst mal, Sie haben da was im Fernsehen gesehen, was Ihnen nicht gefällt - Schmähkritik - und dann geht man erst mal vor ein Amtsgericht. Einstweilige Verfügung, Unterlassungserklärung. Dann wird wahrscheinlich die Sendung, die das gemacht hat oder der Sender wird dann sagen: Nö, das sehen wir anders, und dann geht man die Instanzen hoch, und irgendwann in drei, vier Jahren ... Wichtig ist: Sie müssen dafür sorgen, dass es nicht im Internet landet. Ganz wichtig, dass die Ausschnitte nicht...

Kabelka: Aber das macht doch keiner!

Böhmermann: Das macht keiner, kann ich mir auch nicht vorstellen.

Kabelka: Man hat's in der Mediathek, normalerweise.

Böhmermann: Warum soll mans dann ins Netz stellen? Ist es jetzt klar?

Kabelka: Ich glaub schon.

Böhmermann: Ich finde es ganz wichtig. Ich fand's auch echt schön als Bürger der Bundesrepublik Deutschland, dass in dieser Woche so ein großer Konsens auf einmal herrschte nach Monaten des Streites, die Leute gegeneinander, die Gesellschaft gespalten, und in dieser Woche haben wir Deutschen endlich mal wieder mit einer Stimme gesprochen, wenn es gegen Despoten geht, die die Meinungsfreiheit auslegen, wie man nur Meinungsfreiheit auslegt wenn man Despot oder Diktator ist. Erdoğan oder auch in Europa gibt es Victor Orban, Beata Szydlo von der PIS-Partei, die polnische Ministerpräsidentin, Frau Szydlo von der PIS-Partei, die Ministerpräsidentin von unserem tollen Nachbarland Polen, Marine Le Pen vom Front National, Pim Fortuyn aus Holland, HC Strache von der FPÖ. Alles so autoritäre Nationalisten, Frauke Petry natürlich. Alles Leute, wo man sich gewünscht hat, es müssten mehr Leute aufstehen. Wladimir Putin, Donald Trump könnte der nächste amerikanische Präsident werden. Ich finde es ganz toll, dass wir diesen Menschen selbstbewusst entgegengetreten sind. Ich mein, wer Rechte einschränkt, wer Rechte anderer einschränkt, dem gehören die Rechte eingeschränkt.

Anlage 2: In der vorliegenden Bachelorarbeit erwähnte Gesetze der Bundesrepublik Deutschland

Quelle: Bundesministerium der Justiz und für Verbraucherschutz.

Grundgesetz für die Bundesrepublik Deutschland Art 5

(1) Jeder hat das Recht, seine Meinung in Wort, Schrift und Bild frei zu äußern und zu verbreiten und sich aus allgemein zugänglichen Quellen ungehindert zu unterrichten. Die Pressefreiheit und die Freiheit der Berichterstattung durch Rundfunk und Film werden gewährleistet. Eine Zensur findet nicht statt.

(2) Diese Rechte finden ihre Schranken in den Vorschriften der allgemeinen Gesetze, den gesetzlichen Bestimmungen zum Schutze der Jugend und in dem Recht der persönlichen Ehre.

(3) Kunst und Wissenschaft, Forschung und Lehre sind frei. Die Freiheit der Lehre entbindet nicht von der Treue zur Verfassung.

Strafgesetzbuch (StGB)§ 185 Beleidigung

Die Beleidigung wird mit Freiheitsstrafe bis zu einem Jahr oder mit Geldstrafe und, wenn die Beleidigung mittels einer Tätlichkeit begangen wird, mit Freiheitsstrafe bis zu zwei Jahren oder mit Geldstrafe bestraft.

Strafgesetzbuch (StGB)§ 103 Beleidigung von Organen und Vertretern ausländischer Staaten

(1) Wer ein ausländisches Staatsoberhaupt oder wer mit Beziehung auf ihre Stellung ein Mitglied einer ausländischen Regierung, das sich in amtlicher Eigenschaft im Inland aufhält, oder einen im Bundesgebiet beglaubigten Leiter einer ausländischen diplomatischen Vertretung beleidigt, wird mit Freiheitsstrafe bis zu drei Jahren oder mit Geldstrafe, im Falle der verleumderischen Beleidigung mit Freiheitsstrafe von drei Monaten bis zu fünf Jahren bestraft.

(2) Ist die Tat öffentlich, in einer Versammlung oder durch Verbreiten von Schriften (§ 11 Abs. 3) begangen, so ist § 200 anzuwenden. Den Antrag auf Bekanntgabe der Verurteilung kann auch der Staatsanwalt stellen.

Strafgesetzbuch (StGB)§ 104a Voraussetzungen der Strafverfolgung

Straftaten nach diesem Abschnitt werden nur verfolgt, wenn die Bundesrepublik Deutschland zu dem anderen Staat diplomatische Beziehungen unterhält, die Gegenseitigkeit verbürgt ist und auch zur Zeit der Tat verbürgt war, ein Strafverlangen der ausländischen Regierung vorliegt und die Bundesregierung die Ermächtigung zur Strafverfolgung erteilt.